말을 조심해라, 행동이 될 것이다.
행동을 조심해라, 습관이 될 것이다.
습관을 조심해라, 인격이 될 것이다.
인격을 조심해라, 운명이 될 것이다.
마거릿 대처

뛰어난 화술을 갖춘 사람은
상대방의 반응에 따라 신중하게 말을 고른다.
발타자르 그라시안

친절한 말들은 짧고 말하기 쉽지만
그 울림은 진정으로 끝이 없다.

마더 테레사

가슴 깊은 신념에서 말하는 '아니오'는 그저 다른 이를 기쁘게 하거나
위기를 모면하기 위해 말하는 '예'보다 더 낫고 위대하다.

마하트마 간디

<改变人生的谈话>
作者 : 黄启团
Copyright © 2021 by Huang Qituan
Korean translation copyright © 2021 by DAVINCIHOUSE Co., LTD.
by arrangement with CITIC Press Corporation
through Enters Korea Co., Ltd
All rights reserved.

인생의 변화는
말투에서 시작된다

인생의 변화는
말투에서 시작된다

펴낸날 2022년 1월 10일 1판 1쇄

지은이_황시투안
옮긴이_정영재
펴낸이_김영선
책임교정_정아영
교정교열_이교숙, 남은영
경영지원_최은정
디자인_바이텍스트
마케팅_신용천

펴낸곳 (주)다빈치하우스-미디어숲
주소 경기도 고양시 일산서구 고양대로632번길 60, 207호
전화 (02) 323-7234
팩스 (02) 323-0253
홈페이지 www.mfbook.co.kr
이메일 dhhard@naver.com (원고투고)
출판등록번호 제 2-2767호

값 15,800원
ISBN 979-11-5874-133-4 (03190)

소중한 내 인생과 관계를 위한
말하기 심리학

황시투안 지음
정영재 옮김

인생의 변화는
말투에서 시작된다

"말의 변화는
일상 곳곳에 직접 영향을 미친다."
나를 가두는 틀을 뛰어넘는 말하기 기술

미디어숲

말은
인생의 방향을 좌우한다

카네기 연구소에서 시행된 조사 결과에 따르면, 한 사람의 사업 성공 여부는 15퍼센트가 그의 IQ에 달려 있고, 나머지 85퍼센트는 그의 표현 능력, 즉 인간관계 능력, 말하는 능력, 그리고 남을 설득하는 능력에 달려 있다고 한다. 언어는 그렇게 인생의 방향을 좌우한다.

말 한마디는 미래의 희망을 보게 할 수도, 삶의 의욕을 순식간에 잃게 할 수도 있다.

말 한마디는 불가능해 보이는 기적을 창조할 수도, 생명의 모든 가능성을 꺼뜨릴 수도 있다.

말 한마디는 한 사람에게 자신감, 그리고 끊이지 않는 내면의 힘을 줄 수도 있고, 그를 블랙홀 속으로 밀어넣어 순식간에 에너지를 잃게 할 수도 있다.

말 한마디는 한 사람의 과거를 치료해 더 나은 현재를 살게 할 수도, 그를 과거에 속박해 평생을 그곳에서 벗어나지 못하게 할 수도 있다.

언어의 힘은 거대하며 가히 측량할 수 없다. 어떻게 해야 언어라는 이 무기를 제대로 장악하고 그것의 부정적 영향을 억제하며 긍정적인 효과를 발휘할 수 있을까?

언어의 기술, 쉽게 말해 말하는 방법에 관련된 책은 수없이 많다. 그 안에는 여러 가지 교묘하고 풍부한 지식이 있다. 하지만 언어로 언어에 관해 설명하는 것은 수박 겉핥기와 같고, 수면 위에서 빙산의 일각에 대해 논하는 것과 같다. 기교 측면에서의 언어는 인간의 내면까지 닿을 수 없다.

언어는 사상의 겉옷이다. 사상의 깊은 곳에 스며들어야 비로소 언어의 지혜를 발견할 수 있다. 유명한 사상가가 한 말들을 들어본 적 있는가? 그들의 말 한마디 한마디는 주옥같으며 마음을 찌른다. 그들의 말은 직접적으로 인간의 본성에 질문을 던진다. 우리는 늘 말로 사람을 바꾸고 싶어 한다. 그렇지만 한 사람의 단단한 고집에는 그가 살아온 인생과 세상에 대한 그의 이해가 숨겨져 있다. 상대방의 뿌리 깊은 인지 논리를 파악하면, 간단한 몇 마디 말로도 그를 변화시킬 수 있다.

신경 언어 프로그래밍 영역에는 한 가지 훈련 기술이 있다. 이는 독특한 언어 모델로 당사자가 자기반성을 하게 하고, 자신의 사상에 숨어 있는 맹점을 보게 하며, 자신의 성공을 막는 제한적 신념을 깨뜨리고 자발적으로 발전하기 위한 한 발자국을 내딛게 하여 인생의 질을 향상시킨다.

이 책은 수년간의 심리 상담 경험과 신경 언어 프로그래밍의 훈련 기술을 융합하고, 심리학과 언어 기술을 교묘하게 결합한 성과물이다. 언어의 초점, 언어의 가설, 언어의 틀, 표상체계 언어, 이성적 언어, 일관된 소통 언어, 비언어적 언어 등에 관한 내용을 담고 있다. 이것들을 습관화하면 당신은 말하는 방식, 말하는 기술을 바꿀 수 있고, 이로써 내면의 구조를 변화시켜 인격의 성장을 이룰 수 있다. 이 과정에서 우리는 다음과 같은 변화를 발견할 수 있다.

-부정적 언어의 함정을 통찰할 수 있다.

-사고의 깊은 곳에 있는 제한적 틀을 깨뜨릴 수 있다.

-일상에서 자주 만나는 갈등과 충돌을 해결할 수 있다.

-주변 사람에게 사랑받을 수 있다.

-다른 사람들에게 아름다움을 선사할 수 있다.

-자신의 인생을 원만하게 살아갈 수 있다.

말을 할 줄 아는 사람은 사람들을 기쁘게 하고, 말을 할 줄 모르는 사람은 사람들의 마음을 병들게 한다. 이 책을 읽고 난 뒤, 말하는 방식의 변화가 당신을 향한 주변 사람의 평가를 어떻게 바꿔놓는지 지켜보라. 모든 아름다움은 당신이 책을 읽는 과정에서 나오기 시작할 것이다.

황시투안

말을 얼마나 잘하는지는 성격과 전혀 상관이 없다.
천성이 강직한 사람 중에도 대화에 능통한 달인들이 많다.
말을 할 줄 아는 것은 하나의 능력이다.
그리고 그 능력은 학습을 통해 충분히 향상될 수 있다.

말하는 습관을 바꾸면
인생이 달라진다

1장

다른 사람을
바꾸고 싶다면

나는 책을 여러 권 냈고 모두 판매량이 나쁘지 않았다. 그런데 뛰는 놈 위에 나는 놈이 있다고 했던가. 미국 도서 시장에는 일주일 만에 무려 20만 권이나 팔린 책이 있다. 순간 부러운 마음에 제목부터 살펴보게 됐다. 여러분도 무슨 책인지 궁금할 것이다. 이 책의 제목은 '30일 만에 당신의 아내를 변화시키는 방법How to Change Your Wife in 30 Days'이다. 아마도 당장 찾아서 읽어 보고 싶겠지만 찾지 못할 것이다. 그 대신 '30일 만에 당신의 인생을 변화시키는 방법How to Change Your Life in 30 Days'으로 검색해야 이 책을 찾을 수 있다. 왜일까? 사실 이 책은 출간 당시 제목 중 'Life'를 'Wife'로 잘못 기재하는 실수를 저질렀다. 출간된 지 일주일이 지난 후에야 오타를 발견했다. 출판사는 황급히 책을 회수해 원래 제목으로 바꿔서 시장에 내놓았다.

그러자 이해할 수 없는 일이 벌어졌다. 『30일 만에 당신의 아내를 변화시키는 방법』은 일주일에 20만 권이 팔렸는데, 『30일 만에 당신의 인생을 변화시키는 방법』은 한 달 동안 두 권밖에 팔리지 않은 것이다.

20만 권과 두 권, 그야말로 하늘과 땅 차이이다. 그 까닭은 무엇일까? 사람들은 모두 자신을 변화시키기보다 남을 더 변화시키길 원하기 때문이다. 그래야 내가 좀 더 살기 편하다. 물론 우리가 남을 변화시키고 싶어 하는 데에는 '상대방이 자신의 잘못을 인지하고 개선하여 더 나은 삶을 살아가게 하려고'라는 나름 타당한 이유도 있다.

엄마가 아이의 좋지 않은 생활 습관을 바꾸고, 선생님이 학생의 적극적이지 못한 학습 태도를 바꾸고, 부부가 서로의 부정적인 면을 바꾸며, 사장이 직원의 비효율적인 일 처리 방식을 바꾸는 것, 모두 마땅히 해야 할 일이긴 하다. 그렇지만 지나치게 직설적으로 의견을 제시하면 상대방은 귀담아듣지 않을 것이고 되려 갈등만 조장하게 된다.

돌이킬 수 없는 결과를 낳은 한마디

어느 부부의 결혼 생활을 상담해 준 적이 있는데, 그들의 상황이 매우 특이했다. 아내는 중국과학기술대학교 영재반 출신의 천재였고, 어린 나이에 바로 대학교에 진학했다. 졸업 후 그녀는 안정적인 직업을 구해서 어릴 때 누리지 못했던 자유로운 생활을 즐기기 시작했다. 남편은 지방대 출신이고 아내만큼 눈부신 학력을 가지진 않았지만 사업이 나쁘지 않게 성장하고 있었다. 하지만 그는 아내의 여유로운 삶을 탐탁지 않아 했고, 결국 참다못해 그녀에게 이렇게 말했다.

"당신이 한때 잘나갔다고 해서 지금 이렇게 발전 없이 살아도 되는 것은 아니야. 지금 당신은 지방대 출신인 나보다도 못하잖아!" 이 말을 들은 아내는 화가 머리끝까지 치솟아서 이렇게 맞받아쳤다. "당신이 지금 하는 그깟 사소한 일로 나한테 뭐라 하는 게 정말 어이가 없네. 아침부터 밤늦게까지 일해봤자 겨우 몇 푼 버는 주제에…." 이렇게 악담이 오가며 화목했던 가정은 풍비박산이 났고 부부는 이혼에 이르렀다.

폭언으로 인해 생명을 잃을 때도 있다. 2019년 4월 '상하이의 열일곱 살 소년, 다리에서 투신자살'이라는 뉴스로 세간이 떠들썩해진 적이 있었다. 사건의 경위는 간단했다. 당일 낮에 소년은 학교에서 친구들과 다퉜는데 그 사실을 안 그의 어머니가 소년을 태우고 집으로 가는 길에 그를 나무랐다. 정확히는 알 수 없지만 아마도 아이의 인격을 모독하는 심한 말을 던졌을 것으로 추측된다. 아무튼 어머니의 꾸짖음에 차가 신호등에 걸려 잠깐 정차한 사이, 소년은 뒷좌석 차 문을 열고 다리 난간으로 달려가 곧장 뛰어내렸다. 그 짧은 몇 초

사이, 꽃다운 청춘이 지고 말았다. 아이의 어머니는 아들의 뒤를 황급히 쫓아갔지만 결국 잡지 못하고 자리에 주저앉아 대성통곡할 수밖에 없었다. 얼마나 비통하고 후회될지 감히 상상할 수 없다.

"남에게 좋은 말을 해 주는 것은 포백(베와 비단)보다 따뜻하고, 남에게 상처 입히는 말은 포격(창으로 찌르는 것)보다도 깊다."는 말이 있다. 좋은 말은 강한 추진력을 지니고, 폭언은 거대한 파괴력을 지니고 있다. 좋은 마음으로 의견을 냈을지라도 관계를 송두리째 망쳐 버리거나 심지어 사랑하는 사람을 다치게 할 수도 있다.

사람은 늘 상대방이 틀렸다고 전제하며 자신이 옳다는 것을 증명하려고 노력한다. 자신을 피해자로 여기고 어떻게든 자신의 무고함을 증명하려는 관성이 있다.

"왜 일 처리를 똑바로 못 해?"

"방금 청소했는데, 너 때문에 또 더러워졌어."

"당신은 내 생각을 전혀 하지 않아."

"넌 항상 나한테만 그래!"

뭔가 익숙한 말들이지 않은가? 누구나 이런 말을 했거나 들어왔을 것이다. 때론 우리는 직접 표현하지 않아도 무의식중에 상대의 잘못을 더 크게 여기고 책임을 전부 떠넘겨 버리곤 한다.

잊지 말자. 근거도 존중도 없이 질책받고 싶어 하는 사람은 아무도 없다. 일방적으로 잘못을 떠넘기는 것은 상대방의 반항심만 초래할 뿐이다.

내가 존경하는 미국의 소통 전문가 더글러스 스톤Douglas Stone은 저서 『우주인들이 인간관계로 스트레스받을 때 우주정거장에서 가장 많이 읽은 대화책』에서 자신이 직접 겪은 에피소드를 소개했다.

어느 출근길, 더글러스는 좁은 도로에 택시 한 대와 승용차 한 대가 서로 대치하면서 길을 막고 있는 상황을 목격했다. 그 누구도 양보하지 않으려 했고 도로는 계속해서 정체되고 있었다. 더글러스는 차에서 내려 택시기사에게 다가가 이렇게 말했다.

"기사님, 제가 보기에 두 분 중 기사님만 전문 운전사인 듯한데, 운전 실력이 없으면 이 좁은 골목길을 도저히 빠져나갈 수 없을 것 같습니다. 저 사람은 분명 차를 못 뺄 것 같은데, 번거로우시겠지만 기사님께서 차를 빼 줄 수 있으신가요?"

택시기사는 더글러스를 힐끗 보더니 고개를 끄덕이며 "어휴, 그래요, 이건 나밖에 못 하지."라고 말한 뒤 곧장 택시에 올라 후진해서 골목을 빠져나갔다.

만일 더글러스가 택시기사에게 "양보할 줄 몰라요? 가정교육을 어떻게 받은 겁니까? 그런 정신으로 무슨 택시기사를 합니까?"라고 말했다면 어떻게 됐을까? 작게는 말다툼에서 크게는 몸싸움으로 번지지 않았을까? 더글러스는 잘잘못을 따지지 않고, 택시기사를 운전 능력이 뛰어난 사람으로 치켜세웠다. 그는 '능력 있는 사람이 양보도 할 수 있다'라는 가설을 세웠고, 택시기사에게 이 가설을 기꺼이 받아들여 양보할 수 있게 했다. 여기서 중요한 점은 바로 자신의 잘못을 인정하고 싶어 하는 사람은 없다는 것이다.

상대의 잘못을 고쳐 주고 싶어서 직접 잘못을 지적한다면, 아무리 좋은 마음으로 말했다고 하더라도 상대는 기분이 나쁠 수 있다. 반대로 우선 상대가 옳다고 가정한 다음, 그에게 그가 더 나아질 수 있다고 말하면 그는 선뜻 당신의 의견을 받아들일 것이다. 모든 사람은 자신이 옳다는 것을 증명하고 싶어 하기 때문이다. 자신이 옳다는 가정에서만 사람은 더 좋게 변화될 수 있다. 이것이 바로 사람을 변화시키는 지혜이다.

말다툼을 피하는 3가지 방법

데일 카네기Dale Carnegie는 논쟁에서 이기는 유일한 방법은 논쟁을 피하는 것이라고 말한 바 있다. 논쟁은 가장 불필요하고 피해야 할 소통 방식이다. 그러나 만일 상대방이 정말 잘못을 저질렀고, 그것을 바꾸고 싶다면 어떻게 해야 할까?

"잘 봐, 네가 틀렸다는 것을 내가 증명해 줄게."

보통 사람들이 자주 하는 말이다. 그렇게 애써 상대방의 잘못을 증명하는 과정에서 우리는 쉽게 말다툼을 하게 된다. 다툼 끝에 상대가 틀렸다는 것을 증명해 내고 승리를 거머쥐어도 관계는 이미 틀어졌을 가능성이 크다. 말다툼이라는 것이 늘 그렇다. 왜일까? 말다툼에서 이기기 위해 우리는 '상처 주기'라는 무거운 대가를 지불하기 때문이다. 이는 당신을 향한 상대방의 미움만 증폭시킨다. 자, 그럼 말다툼을 피하는 방법을 알아보자.

첫 번째, 우선 상대방의 장점을 찾아서 인정해 주자

일상생활에서 흔히 돈 때문에 다툴 때가 많다. 내가 상담해 준 또 다른 부부의 예를 들어볼까 한다. 남자는 경제적으로 그리 넉넉하지 않은 가정에서 자란 탓에 비교적 검소하고, 반대로 여자는 넉넉한 집안에서 먹을 것, 입을 것 모두 풍족히 누리며 살아왔으며 결혼 생활 또한 그래야 한다고 생각했다. 두 사람은 항상 지출 문제로 말다툼을 했는데, 남편은 아내의 큰 씀씀이를 못마땅해했고, 아내는 남편의 지나치게 검소한 모습에 답답해했다. 나는 두 사람에게 모든 대화의 서두에 이렇게 말할 것을 제안했다.

아내는 남편에게 "나는 당신이 우리 가정을 위해 절약하는 것을 알아요." 남편은 아내에게 "나는 가족의 행복을 위해 돈을 적재적소에 쓸 줄 아는 당신의 모습이 좋아요."라고 말이다. 상대방에게 예의를 차려 좋은 모습을 먼저 언급하면 보다 원활하게 소통할 수 있다.

인간의 마음속에는 남에게 인정받고 싶은 욕구가 언제나 존재한다. 상대방의 가치를 높게 평가하여 당신이 그를 존중하고 중시한다는 것을 느끼게 해야 그는 비로소 기꺼이 당신의 지적과 제안을 받아들일 것이다.

두 번째, 상대방에게 더 잘할 수 있는 길을 알려 주자

서로의 감정을 잘 다스렸다면, 이제 싸움의 본래 목적인 문제 해결을 위해 절충 방법을 모색해야 한다. 다시 좀 전 부부의 사례를 예로 들어보자. 이렇게 이야기하면 상황은 훨씬 좋아질 것이다.

"여보, 나는 ~~한 방면에서 돈을 써야 좀 더 자신감이 붙을 것 같고, 더 행복할 것 같아요."

"여보, 나는 당신이 그런 쪽으로 돈을 쓰는 것을 반대하지 않지만, 같은 스타일의 가방을 색깔별로 다 살 필요는 없다고 생각해요."

사실 사람들은 대부분 자신의 결점을 어느 정도 인지하고 있다. 좋은 분위기에서 부드러운 말투로 조언한다면 상대방은 기꺼이 조언을 받아들인다.

세 번째, 미래를 내다보자

서로를 이해했고 공감대가 형성되었다면, 이후에 같은 문제로 다툴 일은 없어야 한다. 그래서 함께 앞날에 관해 대화하는 것은 필수

다. 많은 사람이 사건이 해결된 후 "네가 앞으로 더 잘할 것이라고 믿어.", "이제 네가 나를 실망시키는 일은 없을 거라고 생각해." 같은 말을 주로 한다. 앞날에 관한 이야기는 맞지만, 배우자에게 할 말로는 적합하지 않다. 이보다는 두 사람이 함께 의논해서 후환을 끊을 수 있는 구체적인 방법을 찾아내는 것이 더 이상적이다. 예를 들어 "우리, 계좌 하나를 정해서 온전히 저축용으로 사용하는 것은 어떤가요? 그러면 앞으로 확실히 걱정이 줄어들 것 같아요."

말의 기술은 어디서든 사용할 수 있다. 이 기술을 터득하고 습관화하면, 당신이 바라는 대로 상대방이 변화하려는 것을 보게 될 것이다.

"상대방에게서 장점이라고는 눈을 씻고 봐도 보이지 않는데 어떻게 하나요?" 이렇게 묻는 사람이 있을지도 모른다.

음陰 중에 양陽이, 양 중에는 음이 있듯, 무슨 일이든 두 존재는 서로 보완하며 발전하므로 우리가 찾으려 한다면 반드시 발견할 수 있다. 옷차림을 예로 들어보자. 만약 어떤 사람이 완전히 해진 옷을 입고 심지어 씻지도 않아서 더럽다면 우리는 그 속에서 그의 어떤 장점을 찾을 수 있을까? 일단 옷에 신경을 쓰지 않는 것을 보니 검소한 사람으로 볼 수 있다. 또 그런 모습으로 아무렇지 않게 거리를 활보하는 것을 보니 다른 사람을 별로 의식하지 않는 용기와 당당함을 찾아볼 수도 있다. 그렇지 않은가?

24

심리학 연구 결과에 따르면, 모든 행동의 배후에는 긍정적인 동기가 하나쯤은 있다고 한다. 행동은 잘못됐을지 몰라도 적어도 그 안에 있는 긍정적인 동기는 인정해 줘야 한다. 마트에서 무언가를 훔친 사람을 예로 들어보자. 도둑질이라는 행위는 명백히 잘못되었지만, 그 안의 동기가 무엇인지 살펴볼 필요는 있다. 생활이 정말 어려워서, 굶주리고 있을 가족을 위해서 그랬을 수도 있다.

우리가 상대방의 긍정적인 동기를 알아주고 능력을 인정해 줘야, 상대방이 마음의 문을 열고 우리의 의견을 받아들일 수 있다. 도둑질을 한 사람에게 다짜고짜 욕하고 윽박지르는 것은 그를 변화시키는 데에 아무런 도움이 되지 않는다. 대신에 "이렇게 큰 위험을 무릅쓰고 이런 일을 한 것을 보니 당신은 피치 못할 사정이 있었나 보군요. 하지만 당신이 대담한 일에 썼던 두뇌를 더 나은 일에 쏟는다면 분명 유용하게 사용될 수 있을 겁니다." 이렇게 말한다면, 그를 변화시킬 수 있을지도 모른다. 지금 당장 주변 사람에게 이 방법을 시도해 보자. 당신은 분명 이 기술에 빠져들 것이다.

누군가를 변화시키고 싶다면, 우선 그의 장점을 찾아서 인정해 준 다음, 발전할 수 있는 길을 제시해야 한다는 점을 반드시 기억하자.

솔직해서라고?
그저 말을 할 줄 모를 뿐이다

먼저 두 가지 이야기를 함께 살펴보자.

어느 화창한 날, 한 시각장애인이 뉴욕의 거리에 앉아 지나가는 사람들에게 도움을 청하고 있었다. 그 사람 앞에는 아주 오래된 낡은 그릇 하나와 다음과 같은 팻말이 있었다. '저는 눈이 보이지 않습니다. 도와주세요.' 많은 사람이 그의 앞을 지나갔지만, 그 누구도 그에게 관심을 가지지 않았다. 그때, 한 예쁜 여자아이가 그 앞에 멈춰서서 잠시 고민하더니, 가방에서 펜을 꺼내 들고 팻말에 무언가를 적었다. '화창한 날이네요. 그러나 저는 볼 수가 없습니다.' 그러자 신기하게도 지나가는 사람들이 하나둘씩 그의 그릇에 돈을 넣기 시작했다. 문장만 살짝 바꿨을 뿐인데, 상황은 눈에 띄게 좋아졌다. 이처럼 말에는 신비한 매력이 있다.

두 번째 이야기는 중국 어느 도시의 골목에서 일어난 일이다. 이 골목은 좁고 지나다니는 차가 많아서 복잡하기로 소문이 난 곳이다. 어느 날 차 한 대가 이곳을 지나다가 사이드미러로 한 아이를 살짝 스치고 말았다. 아이는 전혀 다치지 않았고 이곳에서는 종종 일어나는 대수롭지 않은 작은 사고였는데 이 일이 인터넷을 뜨겁게 달군 뉴스가 되어 버렸다. 이유가 뭘까? 당시 그곳을 지나던 많은 사람이 현장을 둘러싸고 차주를 나무랐는데, 그때 차주가 이렇게 말을 한 것이다.

"내가 뭘 잘못했는데!"

그의 뻔뻔한 이 한마디는 많은 사람의 공분을 샀다.

"내가 솔직한 성격이라 그래, 악의는 없어."

위의 두 이야기는 말의 영향력이 얼마나 큰지 보여주는 사례다. 듣기 좋은 말 한마디는 얼어붙은 마음을 녹이는 힘이 있고, 독선적인 말 한마디는 작은 갈등의 불씨를 활활 타오르게 만든다. 말은 타인의 행동에도 영향을 미친다. 같은 일일지라도 어떤 말을 하느냐에 따라 결과가 완전히 달라질 수 있다. 말을 할 줄 아는 사람은 사람들의 기쁨을 사고, 말을 할 줄 모르는 사람은 사람들에게 씻을 수 없는 상처를 준다.

요즘 들어, 말을 얼마나 잘하느냐가 감성지수와 관련 있다고 보는 사람들이 많아졌다. 감성지수가 높을수록 말에 빈틈이 없다는 것이다. 이 관점의 옳고 그름은 잠시 논외로 하고, 먼저 한 가지 사실을 폭로해 보겠다. 자신이 말을 잘 못 한다는 것을 솔직히 인정하는 사람은 매우 드물다. 이들은 솔직한 성격이라는 핑계로 자신이 말을 잘하지 못한다는 사실을 숨긴다. 우리 주변에는 자칭 성격이 솔직하다며 직설적으로 말하는 걸 당연시 여기는 사람이 분명 존재한다. 그들은 말을 할 때 장소나 분위기를 가리지 않고, 상대방의 기분을 생각하지 않으며, 상대방에게 상처를 주었을 때 "내가 솔직한 성격이라 그래, 악의는 없어."라고 말한다. 그 말인즉슨, '나는 원래 이런 사람이고, 이게 불편하다면 그건 너의 문제'라고 말하는 것과 같다.

작가 양치한은 저서 『1%의 삶을 살고 싶다면』에서 이렇게 말했다.
"자기 자신을 속이지 말자. 성격이 솔직한 것이 아니라 소통할 줄 모르는 것이다. 완곡한 말로 대화를 하고 사람의 기분을 좋게 하는 것은 고급스러운 의사소통 능력이다."
우리는 오래전부터 선비의 '강직함'을 고상한 품성으로 여기며 본받기를 강요받았지만, 사실 이는 감성지수가 낮은 사람들에게 보낸 동정 섞인 표현에 불과하다. 말을 너무 강직하게 하는 사람들은 고대에도 환영받지 못했다. 사람 됨됨이가 정직한 것은 장점이지만, 너무 정직하게만 말하는 것은 단점이다. 설령 주변 사람들이 당신의 막말에 적응한 것처럼 보일지라도 상처를 받지 않는다고 장담할 수는 없다.

한 부부를 상담한 적이 있었다. 아내는 남편이 자신에 대한 흥미가 떨어진 것 같다고, 함께 있으려 하지도 않고 스킨십도 하지 않는다며 남편을 원망했고, 그의 외도를 의심했다. 나는 남편에게 아내를 사랑하지 않느냐고 물었고, 그는 사랑한다고 말했다. 그저 아내가 항상 자신을 나무라고 비판해서, 자신이 쓸모없는 존재처럼 느껴졌고 그 때문에 아내를 다정하게 대할 수 없었다는 것이다. 배우자가 더 좋아지길 바라는 그 마음, 나도 잘 안다. 하지만 반드시 기억하자. 그 누구도 자신을 비판하는 입술에 키스하려 하지 않는다.

말을 잘하는 사람의 말은 다른 사람의 마음을 햇살처럼 밝고 따뜻하게 비춘다. 말을 할 줄 모르는 사람의 말은 마치 찔러도 피 한 방울 보이지 않는 캄캄한 동굴 속의 칼처럼 주변 사람들을 떨게 한다. 따라서 말은 기술이기도 하지만 일종의 교양에 더 가깝다. 말을 잘할 줄 알아야 더 높고 멋진 인생을 살 수 있다.

"상대를 편하게 해 주는 만큼 당신이 도달할 수 있는 곳도 높아진다."라는 심리학자 다니엘 골먼Daniel Goleman의 말처럼 말이다.

말을 얼마나 잘하는지는 성격과 전혀 상관없다. 천성이 강직한 사람 중에도 대화에 능통한 달인들이 많다. 말을 할 줄 아는 것은 하나의 능력이다. 그리고 능력은 학습을 통해 충분히 향상될 수 있다.

신경 언어 프로그래밍의 비밀

신경 언어 프로그래밍Neuro Linguistic Programing은 언어 능력을 향상할 수 있는 하나의 학문이다. 이 NLP 연구를 통해 말과 사람의 신경 반응 간에는 어떤 규칙이 있다는 것을 발견했는데, 이 규칙을 파악하기만 하면 모든 사람이 말하기의 고수가 될 수 있다.

당연히 모든 사람이 연설자가 될 수는 없겠지만, 적어도 주변 사람들의 고통은 줄일 수 있다. 몇 가지 간단한 단어를 통해 체험해 보자.

상사가 연말 총결산에서 "올해 자네 성적은 아주 좋으나, 결점이 작지 않군."이라고 말하면 어떤 느낌이 드는가? 칭찬보다는 비평에 가까운 느낌이다. 이를 살짝 바꿔 이렇게 말하면 어떤가?

"올해 자네 성적이 아주 좋아. 동시에 결점도 작지 않군."

아까보다는 좀 더 나은 것 같지 않은가? '그래도 아주 못하지는 않았구나' 하는 생각이 든다. 그럼 이건 어떤가?

"올해 자네 결점이 적지 않음에도 불구하고, 성적이 아주 좋군."

입꼬리가 좀 올라가지 않는가? 왜일까? 이건 명백한 칭찬이기 때문이다. 같은 뜻의 문장을 표현만 살짝 바꿨을 뿐인데, 어째서 전혀 다른 느낌을 줄까?

'~했으나, ~에도 불구하고, ~한 동시에' 이와 같은 접속사는 문장의 앞뒤 두 마디 중 어떤 것을 두드러지게 할지를 결정한다.

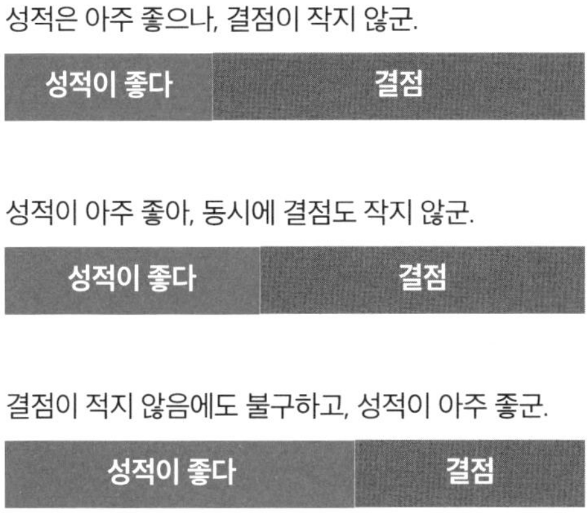

성적은 아주 좋으나, 결점이 작지 않군.

성적이 좋다	결점

성적이 아주 좋아, 동시에 결점도 작지 않군.

성적이 좋다	결점

결점이 적지 않음에도 불구하고, 성적이 아주 좋군.

성적이 좋다	결점

[그림 1-1]

이번에는 '왜'와 '어떻게' 두 단어의 차이를 느껴 보자.

당신이 지각했을 때 상사는 보통 '왜 늦었느냐'고 물어본다. 이 말을 들은 당신은 질책당한다는 느낌을 받을 것이다. 그러면 당신은 변명거리를 찾게 마련이다. 차가 막혀서, 알람이 울리지 않아서 등등. '왜'라는 이 단어는 상대방을 부정적인 울타리 안으로 집어넣는다. 과거 속에서 핑곗거리를 찾아서 어떻게든 자신이 옳다는 것을 증명하려고 들고 자연스레 반항 섞인 감정이 생긴다. 당연히 더 많은 부정적인 문제가 따라오고 결국 악순환에 빠지고 만다.

그래서 지혜로운 상사는 "왜 그랬느냐?"라는 질문 대신 "어떻게 할 것이냐?"라는 질문을 사용한다. "앞으로 어떻게 늦지 않을 수 있을까?"라는 질문을 받았다고 생각해 보자. 당신의 뇌는 변명보다 '어

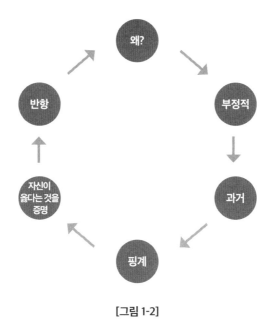

[그림 1-2]

떻게 해야 지각하지 않을지'를 생각하게 된다. '당신은 지각을 하지 않기 위해 노력할 것'이라는 전제가 질문에 깔려 있기 때문이다. 자신이 능력 있는 사람임을 증명하기 위해 적극적으로 지각하지 않는 방법을 생각하고 행동으로 옮길 것이다. 이게 바로 선순환이다.

우리는 '실패하는 사람은 항상 변명거리를 찾지만, 성공하는 사람은 항상 방법을 찾는다'는 걸 알고 있다. 그러나 한 가지 간과한 것이 있다. 한 사람이 '변명거리를 찾느냐, 방법을 찾느냐' 하는 것은 그가 어떤 질문을 받았는지에 따라 결정된다는 사실이다.

우리는 위의 예시를 통해 상사의 말이 부하직원에게, 또는 부모의 말이 아이에게 얼마나 큰 영향을 미치는지 알 수 있다. 물론 우리는

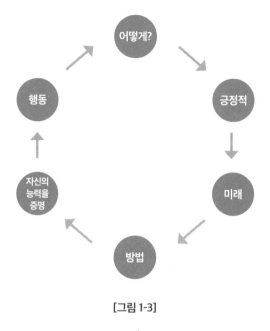

[그림 1-3]

자신의 인생 성패에 대한 책임을 남에게 미룰 수 없다. 변명을 찾느냐 방법을 찾느냐는 평소 본인이 자기 자신에게 어떤 질문을 던지는지에 따라서도 달려 있기 때문이다.

　말의 변화는 일상 곳곳에 직접 영향을 미친다. 말하는 습관을 바꾸고 더욱 탁월한 표현 방식을 배우면, 사고방식과 소통 능력, 사람을 대하는 태도, 심지어는 마음속 깊은 곳에 있는 신념까지도 변화되는 것을 느낄 수 있다. 말을 잘하게 되면 평생 득을 보고, 그렇지 않으면 가는 곳마다 벽에 부딪힐 것이다. 인생의 변화는 말하는 습관을 바꾸는 데서부터 시작된다.

태양 같은 사람 vs
블랙홀 같은 사람

우리는 세상을 더 좋게도 혹은 더 나쁘게도 바꿀 힘을 지니고 있다. 당신 곁에 있는 사람은 두 가지 중 어느 쪽인가?

어떤 사람은 함께 있으면 마음이 따뜻해지고, 활력이 넘친다. 이처럼 함께 있으면 인생을 가치 있게 하고 행복을 느끼게 하는 사람은 사람의 마음을 따뜻하게 하는 '태양 같은 사람'이라고 할 수 있다. 이와 반대로 같이 있으면 무력감이 느껴지고 몸 안에 있는 에너지가 모두 빠져나가는 것처럼 느껴지는 사람이 있다. 이처럼 주변 사람들의 에너지를 빨아들이고 상처 주는 사람을 우리는 '블랙홀 같은 사람'이라고 한다.

이런 현상이 일어나는 이유는 뭘까? 그건 바로 그들의 말이 소리 소문도 없이 당신에게 영향을 미치기 때문이다.

언어가 삶에 미치는 영향

언어는 사람에게 어떻게 영향을 줄 수 있을까? 우리 함께 실험해 보자.

> 지금부터 흰 고양이는 생각하지 말자. 생선을 훔쳐 먹으려고 호시
> 탐탐 노리는, 꼬리가 긴 흰 고양이를 떠올리면 안 된다.

이 문장을 읽었을 때 당신의 머릿속에는 어떤 장면이 떠올랐는가? 긴 꼬리를 살랑거리며 생선을 훔치려 하는 흰 고양이가 떠오르지 않았는가? 이것이 바로 말의 영향이다.

말을 잘하는 사람은 긍정적인 영향을 만들어내지만, 말을 잘하지 못하는 사람은 부정적인 영향을 만들어낸다. 이유는 언어가 우리 신경에 어떠한 반응을 끌어내기 때문이다. 믿지 못하겠다면 다음 상황을 생각해 보자.

아내가 남편에게 말했다. "여보, 또 그 여자 생각하고 있지?"

남편은 어떤 여자에 대해서도 생각하지 않았지만, 아내의 말을 듣자마자 한 여자를 떠올리기 시작했다.

엄마가 아이에게 말했다. "오늘도 학교에서 친구가 괴롭혔니?"

아이는 학교에서 재미있는 시간을 보냈으면서도 엄마의 질문에 자기도 모르게 '오늘 누가 나를 괴롭혔나?' 생각하기 시작했다. 그리고 얼마 뒤 잊고 있었던 불쾌했던 일이 떠올랐다.

사장이 직원에게 말했다. "최근에 무슨 문제 있어?"

자신감이 넘치던 직원은 사장의 말에 미간을 찌푸리며 자신의 일상이나 업무에 문제가 있는지 고민하기 시작했고, 마음속 가득했던 자신감이 점점 사라졌다.

이것은 모두 '불쾌한 일'에 초점을 맞춰 이야기한 경우이다. '흰 고양이'를 언급하기 전까지는 흰 고양이에 대해서 생각하지 않았지만, '흰 고양이'가 언급되자 자연스럽게 머릿속에 '흰 고양이'가 떠오르게 된다. 한번 생각해 보자. 만약 주변 사람이 당신에게 '네가 감히 나를 때릴 수 있을까? 한번 해볼래?'라는 말을 자주 한다면, 어쩌면 어느 날 당신은 주먹으로 상대를 때릴지도 모른다.

잠재의식은 부정어를 처리하지 못한다

말의 초점에는 작은 비밀이 숨겨져 있다. 바로 사람의 잠재의식은 부정어를 처리할 수 없다는 것이다. 그래서 앞서 '흰 고양이'를 생각하지 말라고 했을 때 우리는 오히려 흰 고양이의 이미지를 떠올리게 된다. 만약 이 점을 모른다면 우리는 계속 선의를 가지고 나쁜 말을 할 수도 있다.

예를 들어서 시험 전에 많은 부모가 자식을 도와준답시고 '긴장하지 마'라는 말을 한다. 하지만 '긴장하지 마'라는 말을 들은 아이는 자연스레 긴장할 수밖에 없다. 그렇다면 어떻게 말해야 할까? 바로 긍정적인 말을 하면 된다. 예를 들어서 시험을 앞둔 아이에게 이렇게 말하는 거다.

"아빠는 너를 믿으니까 마음 편하게 보고 와."

이렇게 말한다면 아이는 마음이 편안해지고 시험에 집중할 수 있다.

"지금껏 살아오면서 가장 행복한 순간은 언제였나요?"라는 질문을 받은 사람은 설령 울고 있었다고 해도, 머릿속에는 행복했던 그 순간을 떠올리게 된다. 이게 바로 말의 매력이다. 말을 잘 활용하면 인간 본래의 선한 모습을 끌어낼 수 있다. 반면에 말을 제대로 활용하지 않는 사람은 갈등을, 나아가 폭력까지 일으킬 수 있다.

인간의 마음속에는 천사와 악마가 둘 다 존재한다. 어떤 것을 불러일으키는지에 따라서 '태양 같은 사람'이 될 수도, '블랙홀 같은 사람'이 될 수도 있다.

나 자신은 주변 사람들에게 과연 어떤 존재일까? 가볍게 시험해 보자. 이제 막 초등학교에 입학한 당신의 아이가 시험지를 보여 줬는데 다섯 문제 중 한 문제를 틀렸다고 가정해 보자. 아이는 가만히 서서 당신을 말똥말똥 쳐다보며 피드백을 기다리고 있다. 부모로서 당신은 어떻게 말할 것인가?

"한 문제 틀렸네."라고 말할 것인가? 그랬다고 치자. 이 말을 들은 아이의 눈에서는 빛이 사라지고, 아이는 마음속으로 이렇게 생각할 것이다. '네 문제나 맞췄는데 그건 왜 말을 안 하는 거지? 엄마 눈에는 틀린 한 문제만 보이나?'

이런 식으로 기대에 가득 찬 아이의 마음을 짓밟는 부모는 블랙홀 같은 사람이다. 시간이 지날수록 아이는 점점 부모를 피하게 된다. 이처럼 남의 문제점만 골라서 지적하고, 장점은 보지 않고 단점만 보는 것이 바로 블랙홀 같은 사람의 대표적 특징이다.

어떻게 말해야 할까?

그렇다면 똑같은 상황에서 상대방을 따뜻하게 하는 '태양 같은 사람'은 어떻게 말할까?

"와, 다섯 문제 중 네 문제나 맞히다니 정말 대단한걸? 여기 3번 문제만 잘못된 것이 있는지 다시 한번 볼래? 그렇지. 그렇게 고치면 만점이네! 바로 알아차리고 수정하다니 대단한데?"

이럴 때 아이는 과연 어떤 반응을 보일까? 자신감을 얻고 틀린 한 문제를 아쉬워하며 다음엔 더 잘하고 싶어 공부에 열중하게 될 것이다. 또한 어려운 일이 있을 때는 부모에게 스스럼없이 도움을 요청하게 된다. 태양 같은 부모는 아이의 잘한 점을 먼저 본다, 그렇다고 틀린 것을 외면하는 것은 아니다. 그들은 두 가지를 전부 파악하고 상처 주지 않는 말로 아이가 더욱 발전할 수 있게 도와준다.

블랙홀 같은 사람과 태양 같은 사람의 차이는 매우 명확하다. 블랙홀 같은 사람의 말은 부정적인 부분에 초점이 맞춰져 있다. 그들은 상대방이 이룬 것은 보지 못하고 오로지 이루지 못한 것에만 관심을 가지며 칭찬과 격려에 인색하다.

태양 같은 사람의 말은 긍정적인 부분에 초점이 맞춰져 있다. 그들은 상대방이 이루지 못한 것이 아닌, 이룰 수 있는 일에 관심을 가지고 결코 칭찬과 격려를 아끼지 않는다. 또한 상대방이 더 잘할 수 있을 것이라는 믿음을 가지고 상대방도 보지 못한 가능성을 찾아낸다.

칭찬은 사람에게,
평가는 일에 초점을 둔다

　현대 사회에서 많은 사람이 가장 원만하게 일을 처리하는 방법으로 '사람보다는 일 대하기'라는 방식을 선호한다. 이야기 하나를 살펴보자.

　운 좋게 벼락부자가 된 사장이 비싼 페라리 자동차를 한 대 장만해 고향으로 내려가서 사람들에게 자랑했다. 그때 친한 고향 동생이 우물쭈물 다가오더니 여자친구와 데이트를 하러 가는데 차를 빌려줄 수 있느냐고 물었다. 인색해 보이기 싫었던 장 사장은 흔쾌히 차 키를 건네며 좋은 시간 보내라고 통 크게 말했다. 동생이 차를 끌고 간 지 한 시간쯤 흘렀을까. 그에게서 전화가 걸려왔다.

　"형, 어떡해⋯. 사고가 났어. 미안해⋯."

　장 사장은 두 가지 반응 중 하나를 보였을 것이다.

첫 번째, "뭐라고? 크게 났어? 말도 안 돼. 내 15억…. 산 지 아직 한 달도 안 지났는데…."

두 번째, "괜찮아? 일단 진정해. 다치진 않았지? 너랑 여자친구는 다 무사하지?"

첫 번째 반응은 일(사건)에 대한 반응이고 두 번째 반응은 사람에 대한 반응이다. 첫 번째 반응에서는 따뜻함을 전혀 느낄 수 없지만 두 번째 반응에서는 따뜻한 느낌과 위로를 받을 수 있다. 블랙홀 같은 사람은 주로 첫 번째 반응을 보이고 그의 초점은 언제나 일에 맞춰져 있다. 반면에 태양 같은 사람은 두 번째 반응을 보이고 언제나 사람에 초점이 맞춰져 있다.

일만 보고 사람을 보지 못하면

많은 사람이 자기도 모르게 사람보다 일에 더 관심을 가진다. 오랜 시간 동안 그렇게 교육받았기 때문이다. 우리 모두 어렸을 적 한 번쯤은 유리잔을 깨트리거나 무언가를 망가트린 경험이 있다. 그 상황에서 깜짝 놀라 얼어붙어 있는 당신에게 부모는 어떤 반응을 보였는가? 일을 대하는 부모는 이렇게 말했을 것이다.

"진짜 왜 이렇게 칠칠치 못하니? 몇 번을 깨트리는 거야. 그렇게 조심하라고 해도 왜 알아듣지를 못해!"

더 심하게는 매를 들기도 했을 것이다. 깨진 유리잔만 보고 벌벌 떨고 있는 아이는 보지 못한 채 말이다.

그렇다면 사람에 초점을 둔 부모는 어떻게 했을까? 먼저 아이를 안전한 곳으로 옮기고 부드럽게 물었을 것이다.

"어디 보자, 다친 곳은 없니? 위험하니까 우선 여기 앉아 있어, 엄마가 치우고 올게. 얼마나 놀랐을까 내 새끼…."

부모의 이런 관심과 보호 아래 자란 아이는 분명 그렇지 못한 아이들보다 더 큰 따뜻함과 행복함을 느낀다.

나는 아이에게 화를 내면 안 되는 것을 알면서도 자신의 감정을 주체하지 못해 자기도 모르게 화부터 내버리고 나중에야 후회하는 부모들을 많이 본다. 왜 이런 상황이 일어날까? 사람은 자신에게 없는 것을 남에게 줄 수 없기 때문이다. 마음이 가난한 부모는 풍족한 마음으로 자녀를 키울 수 없다. 자신이 어릴 적 대우받은 대로 자신의 아이를 대할 가능성이 매우 크다. 일만 보고 사람을 보지 못하면 자녀에게 보이지 않는 상처를 줄 뿐만 아니라 인간관계에도 타격을 입힌다.

나에게 심리학을 배우는 학생 중에 잘나가는 변호사가 있다. 한번은 그가 나에게 심리학을 배우게 된 계기를 들려줬다.

어느 날 그의 변호사팀 7명 모두가 함께 업무를 보러 가야 했다. 이동할 차량은 두 대가 있었는데, 하나는 그의 차, 또 다른 하나는 직원의 차였다. 그런데 아무도 그의 차를 타려 하지 않는 것이다. 그는 자신의 지난날을 돌아봤다. 자신의 노력과 총명한 두뇌로 이뤄낸 업

적들, 그리고 자신을 좋아하지 않는 동료들…. '아, 내가 그동안 줄곧 일만 대하며 살았구나.' 그는 그제야 깨달았다고 한다. 일만 대하는 그의 모습에 동료들은 차가움을 느껴 점점 멀어지고 만 것이었다.

모든 것에서 '사람'보다 '일'에 초점을 맞춘 사람이 얻은 성공에는 그만한 대가가 따른다. 그의 시선 속에 사람이 없는데, 주변에 어떻게 사람이 있겠는가. 그의 성공은 표면상의 숫자에 불과하고 그의 현실은 고독과 피로, 그리고 비참함만 가득하다.

자신이 블랙홀 같은 사람이라고 해서 "이건 다 내 부모님 때문이야!"라며 부모 탓만 해선 안 된다. 성인이라면 더이상 책임을 부모에게 지워선 안 된다. 결국 자신의 인생은 자신이 직접 설계하고 직접 책임져야 한다. 어릴 때로 돌아가 부모님의 모습을 바꿀 수 있는 것도 아니지 않은가. 지금부터 시작하면 된다. 우리는 공부를 통해 자신과 가정을 변화시킬 수 있다.

일과 사람을 대하는 현명한 방법

일을 대하기와 사람 대하기, 이 문제에서 우리는 한 가지 말의 기술을 사용할 수 있는데, 바로 칭찬과 비평이다. 칭찬은 일에서 사람으로 이어져야 한다. 미국의 한 심리학자는 이렇게 말했다.

"칭찬은 우리 영혼에게 마치 따뜻한 봄날의 햇살과 같다. 그것이 없이는 성장할 수도 꽃을 피울 수도 없다."

칭찬의 힘은 크고 신비하다. 칭찬과 존중은 삶에 동력이 되며 인간으로서의 가치를 느끼게 해 준다. 다른 사람을 적절히 칭찬하는 것은 인간관계에 있어 꼭 필요한 수단이다.

칭찬은 서로에게 좋은 감정을 품게 만들어 마음으로 하는 진심 어린 소통을 가능하게 한다. 그렇다고 무작정 칭찬하면 오히려 반대의 결과를 얻을 수 있다. 칭찬에도 다 기술이 있기 때문이다.

한 학자가 유명한 교수의 집에 초대되어 저녁 식사를 하러 갔다. 그가 교수의 집에 들어섰을 때, 교수의 다섯 살 된 딸이 얼굴에 웃음을 한가득 머금고 그에게 인사를 건넸다. 이를 본 학자는 자신도 모르게 이렇게 칭찬했다.

"넌 참 예쁘고 귀엽게 생겼구나!"

이 말은 평소 우리가 아무렇지도 않게 자주 하는 말이지만, 이 말을 들은 교수의 표정은 살짝 어두워졌다. 딸 아이가 방으로 들어간 뒤, 교수는 학자에게 이렇게 말했다.

"당신이 방금 건넨 그 칭찬은 오히려 제 아이에게 독이 될 수 있습니다. 예쁘고 귀여운 것은 타고난 것이지 아이가 스스로 노력해 얻어낸 것이 아닙니다. 아직 분별력이 부족한 어린 나이에 그런 말을 들으면 아이는 그것이 자신의 재주인 줄 알게 됩니다. 그리고 그것으로 인해 교만해져서 외모로 다른 아이들을 평가하고 무시하는 잘못을 범하게 되지요."

교수의 교육 이념에 감명받은 학자는 교수에게 사과했고, 그런 그에게 교수는 이렇게 말했다.

"괜찮습니다. 집에 돌아가실 때, 딸의 미소와 예의를 칭찬해 주세요. 그건 아이가 직접 노력해서 얻은 결과이니까요."

몇몇 부모들은 "우리 아들, 우리 딸 정말 대단해!"라는 말을 입에 달고 산다. 그것이 아이를 망치는 줄도 모르고 말이다. 집 밖에서는 그 누구도 그들처럼 과하게 아이를 칭찬해 주지 않는다. 맹목적인 칭찬에 익숙한 아이는 누군가의 작은 지적에도 쉽게 무너질 수 있다. 따라서 아이를 칭찬할 때는 아이가 노력한 부분과 그로 얻은 결과를 더 많이 칭찬해야 한다.

예를 들어 "우리 아들이 엄마를 도와 설거지를 하다니, 정말 대단한걸?" 같은 칭찬은 더 쉽게 아이의 뇌리에 박힐 뿐 아니라 더 발전하고 싶어 하는 긍정적인 마음까지 이끌어 낸다. 이 방법은 직장에서도 똑같이 적용할 수 있다.

"김 대리님, 이번 업무 처리를 완벽하게 하셨더라고요! 정말 대단하십니다!", "장 팀장님, 좀 전 회의시간에 하신 발표 너무 멋졌습니다. 정말 대단해요!"

이와 같은 칭찬은 상대방이 받아들이기 쉽다. 무작정 대단하다 하지 않고 근거도 함께 제시했기 때문이다. 상대는 분명 큰 힘을 얻고 더 열심히 하려고 노력하게 된다.

칭찬은 일에서 사람으로, 상대방이 한 일이나 행동을 토대로 이루어져야 한다. 비평은 이와 반대로 사람에서 일로 이어져야 한다.

아이가 시험을 망치고 돌아왔을 때, "시험을 또 망쳤다고? 또 시험문제 대충 읽었구나! 네가 그럼 그렇지." 이런 식으로 일에서 사람으로 향하는 비평은 아이의 자존감을 낮추고 자신이 정말 공부에 소질 없다고 생각하게 만든다. 어떻게 뒤집어야 할까? 이렇게 말해 보는 것은 어떤가?

"엄마가 아는 우리 아들은 정말 총명해." 우선 아이의 캐릭터를 확실하게 짚어 주고, 이어서 "이번에 성적이 잘 안 나온 이유는 시험문제가 어려웠기 때문이구나. 아니면 무슨 이유라도 있었을까?"

이렇게 사실만을 놓고 얘기하면 아무리 엄격하게 얘기할지라도 아이는 다 자신을 위한 고언임을 안다. 그리고 앞으로 더욱더 개선될 수 있을 것이라는 자신감을 가지게 된다.

누구든 업무상 실수를 범할 수 있다. 특히 입사한 지 얼마 안 된 사원이라면 더욱 그렇다. 그럴 때 상사가 제때 지적하지 않으면 당사자 본인, 그리고 기업에도 피해가 갈 수 있다. 그렇다고 대놓고 직설적으로 비판하면 상대는 난처해할 것이고, 어쩌면 퇴사를 생각하거나 뒤에서 복수심에 칼을 갈고 있을지 모른다. 그러면 어떻게 해야 부하직원이 기꺼이 비평을 수용하게 할 수 있을까? '사람에서 일로' 이 기술을 사용하면 된다. 부하직원이 올린 서류에서 다량의 오타가 발견됐다고 가정해 보자. 우리는 이렇게 말할 수 있다.

"작성한 서류 속에서 김 대리가 정말 공부를 많이 한 똑똑한 사람이라는 게 보였어요. 그런데 오타 난 부분이 몇 군데 있더라고요. 다음부터는 조금만 더 신경 써서 검토하면 감사하겠습니다. 혹시 요즘 좀 피곤해서 그런 건 아닌지 걱정되네요."

이런 지적이 듣기에 훨씬 괜찮지 않은가?

칭찬은 일에서 사람으로, 비평은 사람에서 일로 향해야 한다는 것을 기억하자. 사람과 일은 떼려야 뗄 수 없는 관계다. 사람과 일의 선후 관계를 확실히 정리하고 이 기술을 우리의 말과 행동에 장착하면 우리는 블랙홀에서 태양으로 변할 수 있다.

기질을 바꾸려고
애쓰지 마라

앞서 얘기한 것처럼 블랙홀 같은 사람과 태양 같은 사람은 차이가 명확하다. 블랙홀 같은 사람의 말은 부정적인 면에, 태양 같은 사람의 말은 긍정적인 면에 초점이 맞춰져 있으며, 블랙홀 같은 사람은 사람보다 일을 더 중시하고, 태양 같은 사람은 사람을 먼저 생각하고 나서 일을 대한다. 여기까지 얘기했을 때, 대부분은 너무나 당연하게 블랙홀 같은 사람을 '비관주의자'로, 태양 같은 사람을 '낙관주의자'로 여기곤 한다. 과연 그럴까?

대만의 정지화라는 가수는 모두가 인정하는 태양 같은 사람이다. 90년대 수많은 사람이 그의 노래 가사에서 큰 힘을 얻었다.

'비바람 속 그까짓 고통이 무슨 대수인가. 눈물을 닦고 더이상 두

려워하지 말자. 우리에게는 꿈이 있지 않은가'

그의 노래 〈뱃사람〉 중에 나온 이 가사는 많은 이들에게 위로를 준다. 그런데 정지화는 사실 매우 비관적인 사람이었다.

어느 인터뷰에서 정지화는 젊은 시절 자신은 모든 것을 최악의 상황까지 생각했으며 지금도 그렇다고 말했다. 그 이유는 그의 유년 시절을 들여다보면 알 수 있다. 그는 소아마비로 걸을 수 없었고 그로 인해 동급생들의 조롱거리가 되기 일쑤였다. 그의 어린 시절은 차별과 편견의 시선으로 둘러싸여 있었다. 비록 노력을 통해 서서히 신체적 한계를 극복했지만, 그래도 신은 자신에게 너무 가혹하다고 생각했다. 그도 그럴 것이 그에게 고난은 그것으로 끝나지 않았다. 스무 살 즈음엔 여자친구 부모의 반대로 어쩔 수 없이 이별을 하게 되자, 상심이 컸던 그는 세상을 떠나기로 결심하고 유서를 썼다. 다행히 가족들에게 바로 발견이 되어 목숨은 건질 수 있었다. 그 후, 그는 그 유서를 노래로 만들었고, 그 노래는 오래도록 사람들에게 사랑을 받았다. 전화위복인 셈이다.

어떤 사람은 비관적이지만 되려 옆 사람을 따뜻하게 해 주고, 어떤 사람은 낙관적이지만 오히려 주위 사람들에게 불편함을 주곤 한다. 낙관과 비관은 하나의 생활 습관이어서, 블랙홀 같은 사람이든 태양 같은 사람이든 관계없이 다 가질 수 있다. 그렇다면 낙관과 비관은 도대체 무엇인가?

낙관주의자와 비관주의자

미국 심리학자 마틴 셸리그만Martin Seligman의 연구에 따르면 같은 사건을 두고 낙관주의자와 비관주의자의 초점은 다르다고 한다. 이 두 종류의 사람을 세 가지 방면에서 구분 지어 보겠다.

첫째는 시간상의 구분이고, 둘째는 수량상의 구분, 셋째는 행동의 대가와 선천적 능력에 대한 구분이다.

우선 시간상의 구분부터 살펴보자. 장사가 잘되지 않을 때, 낙관주의자는 "이것은 일시적인 거야."라고 말하고, 비관주의자는 "아이고, 내 팔자야, 일이 잘 풀린 적이 없네."라고 말한다. 낙관주의자는 어려움을 일시적인 것으로 여기고, 비관주의자는 어려움을 영구적인 것으로 여긴다. 반대로 좋은 일이 생기면 낙관주의자는 "역시 나는 항상 운이 좋아!"라고 말하고, 비관주의자는 "이건 잠깐일 뿐이야. 좋은 일은 언제나 순식간에 사라지지."라고 말한다. 낙관주의자는 행운을 영구적인 것으로 여기고, 비관주의자는 행운을 일시적인 것으로 여긴다.

다음으로 수량상의 구분을 살펴보자. 뜻밖에도 좋은 일이 일어났을 때 낙관주의자는 "될 줄 알았어. 나는 될 놈이니까."라고 말하며 행운을 보편적인 사건으로 여긴다. 비관주의자는 "이런 행운은 내 인생에서 이번 한 번뿐이야."라고 말하며 좋은 일을 한 번뿐인 사건으로 여긴다. 두 사람이 길을 가다가 개똥을 밟았을 때, 낙관주의자는 "와, 간만에 개똥 한번 밟았네."라고 말하며 안 좋은 일을 한 번뿐인 일로 여기고, 비관주의자는 "길 가다 똥이나 밟고, 내 인생은 대체 얼마나 더 재수 없어지려고 그러나."라고 말하며 안 좋은 일을 보편적인 일로 여긴다.

마지막으로 행동의 대가와 선천적 능력에 대한 구분을 살펴보자.

두 사람 모두 시험을 망쳐버렸다. 이때, 낙관주의자는 "이번에 공부를 좀 게을리해서 그렇다."라고 말하며 안 좋은 결과를 자신의 행동에 의한 대가로 귀결시키고 더 나아질 수 있다는 가능성을 열어둔다. 반면 비관주의자는 이렇게 생각한다.

'나는 왜 이렇게 멍청하지?'

그는 안 좋은 결과를 자신의 선천적 능력 때문이라고 생각한다.

이와 반대로 시험을 잘 본 상황에서는 어떨까? 낙관주의자는 이렇게 말한다. "역시 나는 똑똑해." 그는 자신의 선천적 능력으로 인해 좋은 결과를 얻었다고 생각하고 그 능력으로 무엇이든 해낼 수 있다고 자신한다. 같은 상황에서 비관주의자는 이렇게 생각한다. '내가 이번 시험을 잘 볼 수 있었던 것은, 어쩌다 운 좋게 공부한 게 시험에 나왔기 때문이야'라며 자신의 행동에 어쩌다 한번 좋은 결과를 얻었다고 생각하고, 자신의 행동에 따라 결과는 언제든 바뀔 수 있다고 여긴다.

초점	낙관	비관
시간	좋은 일: 영원함 나쁜 일: 일시적	좋은 일: 일시적 나쁜 일: 영원함
수량	좋은 일: 보편적 나쁜 일: 개별적	좋은 일: 개별적 나쁜 일: 보편적
행동의 대가	좋은 일: 선천적 능력 나쁜 일: 행동의 대가	좋은 일: 행동의 대가 나쁜 일: 선천적 능력

[그림 1-4]

당신은 비관주의자인가 낙관주의자인가? 여기서 강조해야 할 것은, 낙관과 비관에는 모두 장단점이 존재하고 낙관이 언제나 비관보다 좋은 것만은 아니라는 사실이다. 낙관주의자는 보다 더 적극적으로 삶에 임하고, 비관주의자는 보다 더 깊게 인생을 음미한다. 비관적인 성격 덕분에 더 깊게 인생의 고통을 느낄 수 있었고, 그걸 토대로 사람들의 마음을 어루만지는 감동적인 노래를 쓸 수 있었던 정지화처럼 말이다. 또 낙관은 곤경에 더 유연하게 대처하게 하고, 비관은 사전에 최악의 상황을 생각하여 문제가 생겼을 때 바로 해결할 수 있게 해 준다.

낙관주의자와 비관주의자 중 자신이 어떤 사람이건 크게 좋아하거나 슬퍼할 일은 아니다. 낙관과 비관은 타고난 기질일 뿐이고, 둘 다 태양 같은 사람이 되기에 충분하다. 우리는 애써 자신의 기질을 바꾸기 위해 노력할 필요가 없다. 그저 그것을 인지하고 받아들이면 된다.

타인에게 호감을 얻는
손쉬운 방법

한 남성에게 "요즘도 도박하세요?"라고 물으면 그는 뭐라고 대답할까? "아니요.", "도박한 적 없습니다.", "도박할 줄 모릅니다."라고 대답했다고 하자. 그런데 여기서 중요한 것은 그가 어떤 대답을 했는지가 아니다. 그가 뭐라고 대답하든, 주변 사람들은 그가 도박을 한 적 있다고 생각할 것이다. 왜일까? 그 답은 질문에 있다.

질문에는 '이 남자는 도박꾼이다'라는 가설이 숨어 있다. 이런 숨은 가설은 마치 부처의 손바닥과 같아서 대답하는 사람이 아무리 재주를 부려도 벗어날 수 없다. 이게 바로 가설의 매력이다.

A가 있어야 B가 존재할 수 있다면 A는 B의 필수 조건이다. 따라서 B가 성립하면 당연히 A도 성립한다. A가 바로 말 속에 숨은 가설이다. 이 가설을 교묘하게 사용하면 상상보다 큰 힘을 발휘할 수 있

다. 비즈니스에서 우리가 고객에게 가장 듣고 싶지 않은 말이 '아니요'이다. 이 짧은 한마디가 고객의 입 밖으로 나오는 순간 거래가 성사될 가능성은 사라지고 만다. 그렇다면 '아니요'라는 말이 나오지 않게 할 방법은 없을까? 한 분식집 사장의 이야기를 살펴보자.

어느 번화가 초입에 두 분식집이 나란히 자리 잡고 있다. 두 집 모두 라면 맛이 훌륭한데 이상하게도 장 사장 가게 매출이 항상 김 사장 가게 매출보다 높다. 이유는 무엇일까? 김 사장은 손님들이 라면을 주문할 때 매번 "달걀 추가하세요?"라고 묻는다. 그러면 어떤 손님은 추가한다고 말하고, 어떤 손님은 안 한다고 말한다.

장 사장도 손님들에게 묻는다. 그런데 질문이 조금 다르다.

"달걀은 하나만 추가하시겠어요, 아니면 두 개 추가하시겠어요?"

그러면 손님들은 왠지 모를 미안한 마음에 하나 아니면 두 개 중에서 고르고, 극소수의 손님만 안 한다고 말한다. 달걀 한두 개가 쌓여 자연스레 매출이 더 높아질 수밖에 없었다.

장 사장이 김 사장보다 달리 한 일은 한 가지다. 바로 '손님들은 모두 달걀을 원한다'는 가설을 세운 것뿐이다.

판매왕 조 지라드의 성공 화술

심리학에서는 미안함을 느끼는 심리를 '불확실한 감정 상태'라 말한다. 이런 불확실한 감정은 타인에 의해 쉽게 조종당하고, 결국에는 피동적인 선택을 하게 만든다. 비즈니스를 할 때, 자신에게 유리한 가설을 세워서 상대에게 미안함을 느끼게 하면 상대방을 더욱 쉽게 설득할 수 있다.

12년 연속 세계 기네스북에 오른 세기의 세일즈맨 조 지라드는 이 방법을 가장 제대로 사용한 사람이다. 그는 절대로 고객에게 "차를 구매하실 건가요?"라고 묻지 않는다. 그는 고객에게 이렇게 질문한다. "세단을 원하시나요, 아니면 SUV를 원하시나요?", "파란색을 원하시나요, 빨간색을 원하시나요?", "결제는 신용카드로 하시나요, 현금으로 하시나요?" 등. 이처럼 둘 중 하나를 골라야 하는 질문을 받은 고객은 대부분 거절하지 못한다. 반면 "차를 구매하실 건가요?"라는 질문에는 쉽게 '아니요'라고 말할 것이다.

인간은 논리적인 동물이다. 따라서 상대방 마음속 깊이 뿌리내린 논리를 흔드는 것은 정말 어려운 일이다. 짧은 순간에 바꾸는 것은 당연히 더욱 어렵다. 그러니 우리는 상대방이 받아들이기 쉬운 가설을 제시해야 한다. 그 가설이 받아들여지면 이어서 제시하는 내용은 더 쉽게 받아들일 것이다.

퇴근 후 집에 돌아가 아이를 보자마자 "숙제했어, 안 했어?"라고 묻자, 아이의 표정이 순식간에 굳었다. 왜일까? 이 질문의 뒤에는 '너는 피동적인 아이야'라는 가설이 숨어 있기 때문이다. 아이는 숙제를 다 했더라도 당신의 그런 질문에 억울함을 느끼게 된다. 질문을 살짝 바꿔 보자.

"오늘 숙제는 몇 시에 다 끝냈니?"

이 질문 뒤에는 '너는 스스로 할 일을 하는 아이이고, 매일 발전하고 있어'라는 가설이 숨어 있다. 숙제를 다 한 아이는 성취감을 한가득 안고 당신에게 숙제를 보여 줄 것이다. 숙제를 다 하지 못했더라도 아이는 속으로 이렇게 다짐하게 된다.

'다음에는 반드시 더 일찍 숙제를 끝내야겠다!'

이 가설은 아이의 마음속에 더 나아지고 싶어 하는 씨앗을 심어 준다.

같은 논리로 사장이 부하직원에게 이렇게 물었다고 생각해 보자.

"길동 씨, 혹시 요즘에는 무슨 문제 없나요?"

이 질문 속에는 길동은 평소에 쉽게 잘못을 저지르는 사람이라는 가설이 숨어 있다. 이 질문을 들은 길동은 분명 부정적인 생각을 하게 된다. 이렇게 질문해 보는 것은 어떤가?

"길동 씨, 혹시 요즘에는 떠오르는 아이디어가 없나요?"

이렇게 상대방을 끊임없이 발전하는 사람으로 가정하면 상대는 긍정적인 느낌을 받게 된다. 끊임없이 주변 사람들에게 긍정적인 느낌을 전달할 때 피그말리온 효과가 발동된다.

'피그말리온 효과'는 그리스 신화에 등장하는 조각가 피그말리온에서 따온 이름이다. 그는 한 아름다운 여인상을 조각했고, 세상 누구보다도 아름다웠던 그 여인상을 자신도 모르는 사이 사랑하게 되었다. 그의 사랑에 감동한 여신 아프로디테는 여인상에 생명을 불어넣어 주었고, 여인상은 살아나 피그말리온의 아내가 되었다. 칭찬과 신뢰, 그리고 기대는 누군가를 변화시키는 능력을 발휘한다는 것이 바로 피그말리온 효과이다.

신뢰와 칭찬을 얻은 사람은 사회의 지지를 받는다는 느낌을 받게 되고 이로 인해 자신의 가치를 더 높이기 위해 노력하게 된다. 그뿐 아니라 자존감이 높아지고 자신감도 가지게 되며, 더욱 적극적으로 발전하고자 하는 동력을 얻게 된다. 그렇게 그는 상대방의 기대에 부응하게 되고, 이러한 사회적 지지가 이어진다. 사람에 대한 기대와 칭찬, 신뢰, 그곳에서부터 변화가 시작된다.

친구가 되고 싶다면 도움을 요청하라

가설의 매력은 무한하다. 주변 사람을 변화시킬 수도, 상대방과의 관계를 가깝게 만들 수도 있다.

이사를 한 후 새로운 동네에서 이웃을 좀 더 알아가고 싶을 때는 어떻게 해야 할까? 떡을 돌리는 것도 좋지만 이보다 더 좋은 방법은 바로 이웃에게 도움을 요청하는 것이다. 이웃집 초인종을 조심스레 누르고 예의 있게 말해 보자.

"안녕하세요, 며칠 전에 이사 온 옆집 사람입니다. 책상을 조립해야 해서 드라이버가 필요한데 혹시 빌릴 수 있을까요?"

이 질문 속에는 어떤 가설이 숨어 있을까? '당신은 남을 잘 돕는 좋은 사람이다'이다. 상대방은 자신을 향한 당신의 신뢰를 느끼고 그 또한 당신을 신뢰할 것이다. 그러면 자연스레 관계는 가까워지고 화목해진다.

심리학에서는 위 사례처럼 도움을 준 사람이 도움을 요청한 사람에게 오히려 호감을 느끼는 현상을 '벤저민 프랭클린 효과'라고 부른다. 이것은 미국의 정치가 벤저민 프랭클린의 실제 경험에서 비롯됐다. 당시 벤저민 프랭클린은 자신과 적대적인 의원과의 관계를 개선하고 싶었다. 하지만 비위는 맞추고 싶지 않았던 그는 한 가지 꾀를 냈다. 프랭클린은 그 의원에게 진귀한 책 한 권이 있다는 소식을 들었다면서 그 책을 이틀 동안만 빌려달라고 부탁했다. 빌려준 책을 다 읽은 플랭클린은 이틀 뒤 의원에게 감사 편지와 함께 책을 돌려주었다. 이후 어느 한 자리에서 마주친 두 사람은 함께 차도 마시고 이야기도 나누며 진실한 친구가 되었다.

책 한 권을 빌렸을 뿐인데, 어떻게 이런 결과가 나올 수 있었을까? 이게 바로 가설의 힘이다. 도움을 요청하는 것은 다음과 같은 가설을 세우는 것과 같다. '상대방은 신뢰할 만한 사람이고 배울 만한 점이 많은 사람이다'

갈수록 서로를 속고 속이는 경쟁 사회에서 이러한 신뢰와 인정은 더욱 얻기 어렵고 귀중하다. 당신의 부탁에서 믿음과 인정을 느낀 상대방은 자연스레 당신을 자기편으로 생각하고 당신을 좋아하게 될 것이며, 더욱 발 벗고 도우려고 나설 것이다. 이에 대해 톨스토이는 이렇게 이야기했다.

> "우리는 상대방이 잘해 준다고 해서 그를 사랑하게 되는 것이 아닙니다. 반대로 우리가 그에게 잘해 주면서 그를 사랑하게 되는 것입니다."

자식을 향한 부모의 사랑은 무엇보다 깊다. 자식은 늘 부모에게 도움을 요청하고 부모는 계속해서 아이를 위해 무언가를 한다. 부모가 자식을 위해 희생할수록 자식을 향한 사랑은 더욱 커진다.

상대방에게 호감을 얻고 싶다면 그에게 도움을 요청하라. 하지만 반드시 선을 넘지 않고 적정해야 한다. 다짜고짜 2천만 원을 빌려달라고 하는 것은 도움을 요청하는 것이 아니라 강도질을 하는 것과 같다. 이렇게 하면 상대방은 놀라서 도망가 버릴 것이다.

'도움 요청하기'라는 관계의 기술은 가족관계에서도 적용할 수 있다. 사람들 중에는 이렇게 말하는 이들이 있다. "아버지 어머니, 이제 앞으로 아무것도 하지 마시고 편하게 놀면서 지내세요. 제가 다

할게요!"

이 말을 들은 부모의 마음은 과연 좋기만 할까? 그들은 '나는 이제 쓸모가 없구나. 노년에 자식들의 짐만 되느니 그냥 빨리 사라져 주는 게 좋겠어'라고 생각할 수도 있다. 부모에게 아무것도 하지 말라는 것은 효도가 아니다.

"엄마, 이번 명절에 전을 좀 부치려고 하는데 도와주실 수 있어요?", "아빠, 이번에 텃밭에 뭐 좀 심을까 하는데 같이 보러 가 주실 수 있어요?" 이렇게 말했을 때 부모의 얼굴이 밝아지는 것을 볼 수 있다. 때때로 이와 같은 작은 부탁 하나라도 요청하는 것이 부모의 마음을 더 편안하게 해 주고 삶에 활기를 불어넣어 준다.

가설, 이 기술은 양날의 검과 같다. 좋은 가설은 우정을 얻게 하고, 관계를 개선하며 사업을 번창하게 하지만, 나쁜 가설은 정반대로 친구와 가족을 잃게 하고 관계를 망쳐버리며 심지어 주변 사람을 벼랑 끝으로 내몰 수 있다. 말을 할 때는 꼭 이 가설에 신경 쓰자. 이것은 무의식중 소리 소문도 없이 듣는 이의 생각과 행동에 영향을 미친다. 남이 나를 대하는 자세는 모두 내가 가르쳐 준 것이다.

내가 뱉은 말이
내 인생을 구속한다

2장

자신이 만든 틀을
뛰어넘는 법

좋은 가설은 큰 자원이고, 나쁜 가설은 사람을 해치는 독약이다.

가설은 마치 하나의 틀과 같다. 좋은 가설은 사람을 보물이 가득한 곳으로 이끌어 값진 것들을 얻게 하는 데 반해, 나쁜 가설은 사람을 보이지 않는 감옥에 가두어 일생을 감금시킨다. 이와 관련한 몇 가지 이야기가 있다.

나는 심리학 멘토로서 내 일을 매우 좋아한다. 이 일에 종사해 온지난 23년 동안 정말 많은 이들이 변화하는 것을 보았기 때문이다. 그중 하나로 운전기사에서 CEO가 된 사람의 사례는 특히 기억에 남는다.

이 이야기의 주인공인 김 씨는 한 케이블 공장의 화물차 운전기사였다.

하루는 그의 사장이 내가 진행하는 심리학 수업을 들으러 와야 했는데, 마침 사장의 운전기사가 일이 생겨 휴가를 신청했고, 김 씨가 사장의 차를 대신 몰게 되었다. 오전 수업이 끝난 뒤, 사장은 김 씨와 밥을 먹으며 오전 내내 무얼 했냐고 물었다.

"날이 너무 더워서 차 안에서 잠을 잤습니다."

김 씨의 대답을 들은 사장은 기름값을 쓰느니 차라리 수업료를 내고 강의실에서 자게 하는 게 낫겠다고 생각해서 김 씨를 데리고 오후 수업에 함께 들어왔다. 그런데 강의실에서 김 씨는 잠을 자기는커녕 열심히 수업을 들었다. 수업이 끝나고 집으로 돌아가는 길에 김 씨는 사장에게 이렇게 말했다고 한다.

"수업 시간에 강사님이 말씀하신 '이 세상은 자기가 스스로를 제한하지 않는 이상 무한한 가능성이 있다'라는 말은 정말 일리가 있는 것 같습니다. 사장님은 제가 평생 운전기사 일만 해야 한다고 생각하십니까? 저에게 다른 업무를 한번 맡겨 보시는 건 어떻습니까?"

김 씨의 말에 사장은 흔쾌히 그에게 다른 업무를 주었다.

그렇게 김 씨는 영업사원이 되었고, 그 후 3년 동안 그는 판매부문에서 1위를 달성했다. 이때에도 김 씨는 마음속에 '이 세상은 자기가 스스로를 제한하지 않는 이상 무한한 가능성이 있다'라는 말을 새기고 있었고, 현재 성적에 만족해하지 않았다. 그래서 김 씨는 사장을 찾아가서 이렇게 말했다.

"사장님, 우리 회사의 플라스틱 케이블 껍질은 전부 외주를 맡겨서 들여오는 것으로 아는데, 이 외주 일을 제게도 주신다면 제가 한번 창업해서 납품 사업을 해 보고 싶습니다."

사장도 신뢰할 수 있는 사람에게 일을 맡기는 게 마음이 편했기에 김 씨에게 주문서를 몇 개 넘겨주었다. 그렇게 김 씨는 소규모로 사업을 시작했고, 지금은 직원 300~400명에 달하는 대규모 공장으로 발전했다. 여기서 뭔가 느껴지는 게 있는가?

어떤 사람들은 평생을 똑같은 날의 연속으로 여겨 변화 없이 살아가고, 어떤 사람들은 매일매일을 새로운 날로 여겨 끊임없이 돌파를 시도한다. 이 두 부류의 차이는 무엇일까? 전자는 보이지 않는 틀에 갇혀서 변화할 엄두를 내지 않는다. 반면 후자는 인생은 무한하다고 생각하고 끊임없이 틀을 깨고 나와 자신의 인생이 무한한 가능성으로 가득 차게 한다.

인생을 바꾸는 말의 힘

"이 세상은 스스로 한계를 두지 않는 이상 무한한 가능성이 있다."
이 한마디는 김 씨의 인생에 거대한 변화를 불러왔다. 말의 위력은 이처럼 크다. 말을 잘하는 사람은 누군가를 울타리 밖으로 걸어 나오게 하고, 말을 못 하는 사람은 계속해서 남에게 틀을 씌운다. 이 틀은 보이지 않는 족쇄와 같아서 자신이 묶인 줄도 모른 채 그저 신세

한탄만 하며 평생을 보내게 한다. 자신의 삶에 성과가 있길 바란다면 우선 이 보이지 않는 틀에서 벗어나야 한다.

많은 사람이 "자원도 능력도 없다."라는 말을 하며, 자신을 원망하고 포기하는 핑곗거리로 삼는데 정말 그렇게 생각하는가?

어느 책에서 이런 이야기를 읽은 적이 있다. 아버지가 아들에게 근처에 있는 바위 하나를 옮겨오라고 시켰다. 하지만 아이의 힘으로 바위를 들기엔 역부족이었다. 그래서 아이는 아버지에게 바위가 움직이지 않는다고 말했다. 그러자 아버지는 아이에게 물었다.

"최선을 다했니?"

뭔가 최선을 다한 것 같지는 않았던 아이는 다시 가서 온 힘을 다해 바위를 들어보려 했지만, 결국 바위는 꼼짝도 하지 않았다. 아이는 울먹이며 아버지에게 말했다.

"정말 최선을 다했는데도 안 돼요."

그때 아버지는 아이에게 흥미로운 말을 들려주었다.

"정말 최선을 다했니? 내가 계속 네 곁에 있었는데도 너는 한 번도 도움을 요청하지 않았잖니? 이게 어떻게 최선을 다한 것일까?"

아이가 생각한 최선은 자신의 힘으로 하는 데서 그쳤다. 하지만 아버지가 말한 최선에는 자신의 힘뿐만 아니라 외부의 힘을 빌리는 것도 포함되어 있었다. 말 속에는 가설이 숨어 있다고 말한 것을 기억하는가? 아이의 마음속에는 자신도 모르게 이러한 가설이 세워졌다. '최선은 자신의 힘만으로 하는 것' 이 가설은 하나의 틀이다. 아버지는 아이의 이러한 틀을 깨주었고, 스스로 제한해 둔 틀에서 걸어 나오게 했다. 한 사람이 자신을 속박한 틀에서 벗어나면 그때부터는 무궁무진한 자원을 쓸 수 있다.

"이미 최선을 다했는데도 안 돼요!"

위의 이야기는 나에게 깊은 감동을 주었다. 나는 아주 낙후된 농촌에서 태어나 어렸을 때부터 어려운 가정환경에서 자란데다 어머니가 매우 검소한 분이어서 각종 틀에 묶여 살아왔다. 그러나 정말 운이 좋게도 귀한 사람들을 많이 만나 그들이 내가 가진 틀을 깨주었고, 오늘날 작은 성과들을 거두며 살 수 있었다. 내가 처음부터 심리 상담 지도교사가 된 것은 아니었다. 오늘날 이렇게 강단에 서서 지도할 수 있게 된 것은 어느 선생님의 한마디 말 덕분이었다.

나는 원래 심리 상담 교육을 이수했지만 상담센터에서 홍보하는 업무를 맡고 있었다. 그러던 어느 날 그 선생님이 나에게 직접 수업을 진행해 보겠느냐고 물었다. 나는 "선생님, 제가 표준어를 잘 못해서 수업을 진행하기 어려울 것 같습니다."라고 말했다. 그러자 그 선생님은 내 눈을 바라보며 진지하게 말했다.

"사투리로는 수업할 수 없다고 누가 정했지?"

누가 정했는가? 아무도 정한 적이 없다. '그래, 우리말 한마디 못하는 외국인들도 와서 강연하는데 사투리라고 안 될 게 뭔가' 생각이 여기까지 미치자, 나는 용기를 내어 강단에 한 번, 두 번 올랐고, 그렇게 심리 상담 지도교사로 성장할 수 있었다.

사람 '인人'에 틀을 하나 더하면 가둘 '수囚'가 된다. 틀 속에 있는 사람은 마치 감옥에 가두어진 사람처럼 아무것도 할 수 없다.

"이미 최선을 다했는데도 안 돼요!"

이 말은 세상에서 가장 효과적인 실패의 주문이다. 이 말은 스스로에게 '불가능'이라는 틀을 씌운다. 이 틀 속에서 우리는 노력하기를 포기하고 실패를 당연하게 받아들인다. 사람은 자신이 맞다는 것을 증명하고 싶어 하므로 마음속 틀에 맞춰 행동하게 마련이다. 그러다 보면 자연스레 무미건조한 삶을 살게 되는 것이다.

상상력 부족이
당신을 가난하게 한다

구속의 틀은 금전적인 부분에서 가장 많이 작용한다. 많은 사람이 무언가를 하기 전에 자신의 주머니를 먼저 만져 보고선 포기하고 만다.

"어휴, 주머니에 돈도 없는데 뭘 할 수 있겠어."

돈은 가장 벗어나기 힘든 틀이 되어 버렸다. 하지만 사실 이 사회에서 가장 무가치한 존재가 바로 돈이다. 수많은 투자자가 눈에 불을 켜고 찾는 것은 돈이 아닌 투자할 가치가 있는 사람이다. 만약 당신이 그 사람들이 찾고 있는 그런 사람이라면 그들은 당신에게 투자하려고 달려들 것이다. 창업 투자는 그저 수많은 돈줄 가운데 하나일 뿐이다. 당신이 틀을 깨기만 하면 돈은 근본적으로 문제가 되지 않는다.

대학 시절, 나는 세계 일주를 목표로 세웠다. 하지만 농촌에서 가난하게 자란 나는 주머니에 돈 한 푼 없었고, 목표는 이루어지지 않을 것처럼 보였다. 하지만 서른 살이 되었을 때, 나는 이미 30여 개국을 돌아다닌 사람이 되어 있었다. 어떻게 가능했을까?

2001년, 나는 이런 생각을 했다. '학교에서 수업을 들으며 공부하는 것도 물론 좋은 학습 방법이지만, 세계 유명 기업들의 작업 현장을 직접 보고 경험하는 것이 더 큰 공부가 되지 않을까?'

나는 곧바로 일-중 양국 우호 협회에서 일하는 친구를 통해서 혼다, 도요타, 파나소닉 등등 유명 기업들에 연락을 했다. 이 기업들은 중국 기업가들을 데리고 현지 시찰을 하겠다는 나의 제안을 환영한다며 초청장을 보내주었다. 나는 이 초청장을 들고 여러 기업가를 찾아갔고 아주 순조롭게 128명의 시찰단을 만들 수 있었다. 우리 일행은 위풍당당하게 일본을 방문했고, 꽤나 영향력 있는 기업가들도 시찰단에 속해 있는 탓에 당시 파나소닉 회장까지도 직접 나와서 우리를 맞아 주었다. 이 일은 대박을 터트렸고, 나는 똑같은 방식으로 한국의 삼성, LG, 미국의 마이크로소프트, 독일의 벤츠, BMW 등등 세계 500위 안에 드는 기업들을 시찰할 수 있었다. 세계 대다수의 선진국을 돌아다녔지만 나는 한 푼의 돈도 쓰지 않았다. 아니, 오히려 돈을 벌 수 있었다.

가난이 상상력을 구속할까?

세계 여행에 반드시 돈이 필요한가? 꼭 그렇지만은 않다. 이 사실로 미뤄 보았을 때, 창업에도, 결혼에도 돈이 꼭 필요한 것은 아니다. 하지만 사람들은 이렇게 말하곤 한다.

"가난함이 내 상상력을 짓밟았다."

사실은 정반대다. 상상력의 부족함이 당신을 가난하게 만든다. 우리의 계획이 제한되는 대부분은 돈이 부족해서가 아니라 아이디어가 부족해서다. 이 빈약한 생각이 우리 인생에 틀을 만든다.

인생이 더 나아지는 것을 제한하는 틀, 심리학에서는 이를 '제한적 신념'이라고 부른다. 인생에는 여러 가지 제한적 신념이 존재한다.

스토아학파의 마르쿠스 아우렐리우스Marcus Aurelius는 "자신이 생각하기에 따라 인생이 바뀐다."고 말했다. 무엇을 어떻게 생각하느냐에 따라 한 사람이 만들어진다는 것이다.

한 번뿐인 인생을 하루하루 틀 속에 갇혀서 지내는 것, 이 얼마나 고통스럽고 안타까운 일인가. 스스로 만든 틀에서 한 발짝 벗어나면 자신이 그동안 얼마나 우물 안 개구리처럼 살았는지 알게 된다.

예로부터 지금까지 아주 많은 사람이 자신이 만든 틀에서 벗어났다.

2200년 전, 초나라 이사李斯는 젊은 시절 군에서 곡식 창고를 지키는 말단 관리였다. 어느 날 화장실에 간 이사는 쥐들이 화장실 한구석에서 인분을 먹다가 인기척이 나면 놀라서 숨는 것을 보았다. 반대로 곡식 창고 안에 있는 쥐들은 누가 오건 말건 신경도 쓰지 않고 곡식을 먹는데 말이다. 이를 본 이사는 한탄하며 말했다.

"사람이 잘 나가고 못 나가는 것도 이 쥐와 같이 자신이 처해있는 상황에 달려 있을 뿐이구나!"

이사는 그 길로 8년 동안 몸담았던 곳을 떠나 처음부터 다시 시작하기로 마음먹었다. 그는 20일을 꼬박 걸어가 한 마을에서 후학을 양성하던 순자에게 가르침을 받고, 그 후, 그의 운명은 완전히 바뀌었다. 이사는 하산한 후 진나라로 넘어간 뒤 재능을 인정받아 진 왕의 고문이 되었으며 통일 왕국을 이루는 데 크게 공헌했다.

철학자 헤겔Friedrich Hegel은 이렇게 말했다.
"보다 높은 이상이 없다면, 인류는 쉬지 않고 일하는 개미 떼와 무슨 차이가 있겠는가?"
인간은 자신이 어떤 사람이 될 수 있는지, 어떻게 될 수 있는지 알고 있고, 그렇게 될 수 있다. 자신을 구속하고 있는 틀을 인지하기만 한다면, 우리는 다시 새로운 선택을 할 수 있다.

자신을 구속하는 말:
무기력, 절망, 무의미

최근 몇 년간 심리학에서는 '타조 증후군Ostrich Syndrome'이라는 말이 유행했다. 타조가 땅속에 머리를 박는 모습이 마치 위험을 회피하려는 것 같아서 생긴 말이다. 사실 엄청난 주력과 힘센 발, 커다란 몸집을 가진 타조는 위험을 피하기 위해 이런 행동을 하는 것이 아니다. 청각이 다른 동물보다 월등히 뛰어난 타조는 적의 발소리로 몸무게를 파악하기 위해 땅에 머리를 박는 것이다.

하지만 사람은 자주 이런 어리석은 행동을 한다. 현실에서 대부분의 사람들이 까다로운 문제에 직면했을 때 책임지려 하지 않고, 그저 두 눈을 질끈 감은 채 보이지 않으면 그만이라고 생각한다. 왜 그런 걸까?

인류는 발전을 거듭하면서 매우 뛰어나고 복잡한 뇌를 갖게 되었다. 이 뇌는 사람을 생존하게 하는 큰 힘을 가졌지만 가끔 고장이 나 오류가 발생하기도 한다. 마치 컴퓨터가 과부화 상태에 빠져 멈춰 버리거나 바이러스에 걸려 고장 나는 것처럼 말이다.

앞서 이야기한 '제한적 신념'이 우리의 뇌를 고장 나게 하는 바이러스다. 예를 들어 다음과 같은 말이다.

"불가능해."

"내가? 난 못해."

"이게 최선이야, 더는 못해."

"방법이 없어."

"나에겐 어울리지 않아."

뭔가 익숙한 말들이지 않은가? 각자의 마음속에는 이런 바이러스가 조금 혹은 많이 존재한다.

제한적 신념은 사실 일종의 틀로, 당신의 인생이 성공의 기쁨을 맛보는 것을 방해하는 생각이다. 이러한 생각들은 잠재력을 발휘하지 못하게 억누르고 인생을 어려운 상황에 빠뜨리게 한다. 이런 바이러스성 신념들을 구별해 내는 방법은 무엇일까? 생각보다 간단하다. 모든 신념은 우리가 하는 말에 내재되어 있다. 그 제한적 언어들은 몇 가지 특징들이 있다.

제한적 언어의 첫 번째 특징: 무기력

"저 사람들이 한다고? 그럼 나는 못 하겠네."

무기력한 사람의 마음속에 흔히 잠재되어있는 언어들이다. 검정고시로 졸업장을 딴 한 청년이 있었다. 그는 어느 외국계 기업의 면접을 보게 되었는데, 면접을 준비하며 그는 끝없는 자기 의심에 빠져들었다. 그의 마음속에서는 이러한 대화가 끊임없이 이어졌다.

'내가 과연 이 일에 걸맞은 능력이 있을까?'

'이런 대기업에서는 나 같은 사람을 비웃지 않을까?'

'전에 누구누구도 이 기업 3차 면접까지 가서 떨어졌는데 나는 1차에서 바로 떨어지지 않을까?'

이런 생각들로 인해 그의 모든 세포가 '나는 안돼'라고 말했고, 숨소리마저 힘이 없었다. 결국 그는 자신의 예상대로 1차에서 바로 떨어지자 땅이 꺼질 듯 한숨을 쉬며 이렇게 말했다.

"거봐, 내 말이 맞았어. 이런 대기업이 검정고시 출신을 뽑을 리 없지."

사실은 어땠을까? 원래 그 기업은 학력을 따지지 않고 오직 면접자가 얼마나 자신감 넘치는지, 도전정신이 있는지만을 보는 곳이었다. 그래서 이력서를 선별할 때 이 청년을 남겨둔 것이었다. 면접관은 청년에게 자신을 바꾸고자 하는 용기가 있을 거라 생각했고 기대를 품었다. 하지만 기대와 달리 굉장히 위축되어 있고 자신 없는 청년의 모습에 어쩔 수 없이 아쉬워하며 그를 떨어뜨려야만 했다. 과연 이게 청년의 능력이나 학력이 부족해서였을까? 아니다. 그의 내면에서 오간 대화가 자신감을 잃게 했고 좋은 기회를 날려 버리게 했다.

다른 사람과 비교하기 시작하면 사람은 무기력이라는 틀 속에 갇힌다. 그러고는 자신을 파괴하는 이런 대화를 끊임없이 주고받는다.

"저런 대단한 사람들 사이에서 내가 어떻게 살아남아."

"저 사람들은 다 좋은 배경을 가졌잖아, 난 절대 안 돼."

이런 심리는 일상 속 단순하고 아름다운 일들을 복잡하고 어두운 일로 만들어 버린다. 점점 자신을 과소평가하고, 자기 계발, 자기 돌파와는 말할 나위 없이 멀어진다.

사람은 무력감의 지배 아래에서 자꾸 자신은 안 된다고 생각하고, 어떻게든 이를 증명하려 한다. 그리고 노력과 시도를 포기하고 스스로를 움츠려뜨린 상태로 비참하게 삶을 마감한다. 이 얼마나 무서운가? "남들은 남들이고, 어차피 나는 안 돼."라고 말하기 전에 살짝만 고쳐 보자.

"남들도 다 하는데, 나도 할 수 있어. 최소한 시도라도 해 보자."

이렇게 하면 아주 손쉽게 '무기력'의 틀에서 나올 수 있다.

우리의 내면에 무기력한 대화가 오가는 것은 어렸을 때부터 주변 사람들의 '무기력'식 말들을 듣고 자랐고, 그 바이러스가 마음속에 심어졌기 때문이다. '엄마 친구 아들, 엄마 친구 딸'이 대표적이다.

"엄마 친구 아들은 이번에 일등 했다더라. 근데 너는 왜 이 모양이니!" 이런 식의 말을 아이에게 하진 않았는지 스스로 돌아보자. 이런 말을 들은 아이의 마음속에는 무기력이 싹을 틔운다. 아이의 인생에 각종 '난 안 돼'라는 말은 부모가 심어 줬을 가능성이 크다.

제한적 언어의 두 번째 특징: 절망

문제를 하나 내보겠다. 당신은 스스로 미국 대통령에 당선될 수 있다고 생각하는가? 많은 사람의 머릿속에는 '절대 불가능'이라는 대답이 떠오를 것이다. 왜 불가능할까? 이미 대통령이 되기에는 턱없이 부족한 능력을 가지고 있기 때문에? 좋다. 그러면 당신의 아이는 미국 대통령이 될 수 있을까? 여전히 많은 사람이 '역시 불가능하다'고 대답할 것이다. 아시아인이 미국 대통령이 되는 것은 다른 세계 이야기 같기 때문이다.

미국 전 대통령 버락 오바마의 어머니 스탠리 앤 던햄은 이 관점에 동의하지 않았다. 케냐에서 온 버락 오바마 1세와 결혼한 그녀는 어린 오바마가 여섯 살이 되던 해, 인도네시아로 이주하게 된다. 어린 시절을 인도네시아에서 보내며 사람들에게 차별받던 아프리카계 미국인인 오바마는 미국 대통령과 거리가 멀어 보였다. 하지만 던햄은 어린 오바마에게 다음과 같은 생각을 심어 주었다.

"넌 이 세상에서 하고 싶은 것을 모두, 그게 무엇이든지 다 할 수 있어. 미국 대통령도 말이야."

인도네시아에서 생활하는 동안 던햄은 매일 아침 일찍 오바마를 깨워 3시간씩 영어를 가르쳤으며, 미국의 독립선언문을 읽어 주며 그에게 국가를 이끄는 개념에 대해 가르쳤다. 그녀는 이렇게 말했다. "미국이 이처럼 위대해진 것은 스스로 이루어진 게 아니라, 우리가 끊임없이 좋게 변화시켰기 때문이야. 나라를 계속해서 발전시키는 것은 우리 모두에게 주어진 임무지." 오바마는 초등학교 3학년 때, '나는 대통령이 되고 싶다'라는 글을 썼고, 결국 이루어냈다.

'불가능'이라는 틀 속에 갇혀 있으면, 뇌는 계속해서 '이건 안 되고, 저것도 안 돼' 하며 인생에 제약을 건다. 그것을 인정해 버리는 순간, 행동은 멈추게 되고, 세상은 점점 좁아진다. 사실 대부분의 불가능은 우리의 머릿속 상상에 불과하다.

또 다른 미국 전 대통령 링컨 역시 유년 시절, 어머님의 훌륭한 가르침을 느낄 수 있는 일을 겪었다. 링컨이 어릴 적 그의 아버지는 시애틀에 넓은 농장을 하나 샀다. 그 땅에는 돌들이 매우 많았는데, 이것이 농사에 방해가 되자 링컨의 어머니는 그 돌들을 다 옮기자고 했다. 하지만 아버지는 "옮길 수 있었다면 원래 주인이 이 땅을 팔았겠어요? 그 돌들이 엉켜서 작은 산을 이루고 있을 테니 그런 생각은

넣어 두세요."라며 고개를 저었다. 하루는 그의 아버지가 집을 비운 사이, 어머니는 링컨과 아이들을 데리고 그 돌들을 파러 나갔다. 아버지의 말과는 다르게 돌들은 몇 번 흔들기만 하면 빠져나왔고, 얼마 지나지 않아 모든 돌을 치울 수 있었다.

위인이 되는 이유 중 하나는 자신을 제한하지 않는다는 것이다.

세상의 많은 일이 이와 같다. 우리가 '이건 애초에 불가능해'라는 생각을 가지면 일은 정말 불가능해지고 성공과의 거리는 멀어진다. 반대로 '할 수 있어, 아직 방법을 못 찾았을 뿐이야'라는 생각으로 바꾸고, 계속해서 시도한다면 대부분의 고난과 역경은 해결된다.

가망이 없다고 말하는 인생은 온통 잿빛이다. 그렇다면 이 절망의 틀에 구속되지 않는 방법은 무엇일까? 가망이 없다고 생각하는 사고 방식의 형성은 어린 시절 부모의 교육과 밀접한 관계가 있다. 꿈이 가수인 아이가 화장실에서 신나게 노래를 부르고 있자, 부모는 아이에게, "그런 목소리로 무슨 노래를 하겠다고 그래. 옆집에서 시끄럽다고 찾아오겠다."라며 퉁박을 준다. 이후 미래의 대스타는 그렇게 한순간에 사라져 버린다. 더 무서운 것은 아이가 그 후로 어떤 꿈이든 자신있게 도전하지 않는다는 사실이다.

그렇다면 아직 아무것도 정해지지 않은 아이를 대하는 올바른 방법은 무엇일까? 아이의 무한한 가능성을 열어 놓고 아이가 질문할 때, 쉽게 답을 주지 않는 것이 가장 좋은 방법이다. 아이에게 답을 주면 아이는 그 답 하나만을 가지게 된다. 그리고 그 답이 맞건 틀리건 간에 아이는 어느 한정된 틀 안에 갇히게 된다.

'잠재력을 깨우는 질문'이라는 아주 실용적인 방법을 하나 소개해 보겠다. 이 방법은 아이가 가망 없음의 틀을 넘는 데에 큰 도움이 된다. 아이가 잘되길 바란다면 아이가 질문할 때 바로 대답해 주지 말고 이렇게 되묻자.

"너는 어떻게 생각해?"

아이가 하나의 답을 말하면 또 물어보자.

"또 뭐가 있을까?"

아이가 또 다른 답을 말하면 또 한 번 물어보자.

"그것들 말고 또 뭐가 있을까?"

이러면 아이는 계속해서 자기 생각을 말하게 된다. 아이가 "없어요."라고 말했다고 해서 놓아주면 안 된다.

"만약 있다면 무엇일까?"

이런 식으로 자주 아이와 대화한다면 아이의 인생은 무한한 가능성으로 가득 찬다. 미래 어느 날, 당신의 아이가 미국 대통령이 될지 누가 알겠는가? 꼭 미국에서 태어나야만 미국 대통령이 될 수 있는 건 아니다. 법도 바뀔 수 있다. 어쩌면 당신의 아이로 인해 미국의 법이 바뀔지도 모른다.

제한적 언어의 세 번째 특징: 무의미(무가치)

"나는 무의미한 사람이야."

나는 한때 '무의미' 바이러스에 걸려 있었다. 가난한 집안에서 자랐기에 대학교를 다니는 그 몇 년은 내 인생에서 가장 힘든 시절이었다. 당시 나의 한 달 생활비는 2만 원이었다. 만 원은 장학금, 나머지 만 원은 교내 근로로 버는 돈이었는데, 한 달을 살기에는 턱없이 부족했다. 당시 학교 식당에는 메뉴가 다양했다. 그런데도 나는 매 끼니를 쌀밥 한 공기와 콩 한 숟갈로 때울 수밖에 없었다. 그게 가장 저렴했기 때문이다. 한 친구는 내가 매일 그렇게 먹는 것을 보고 마음 아파하며 자신의 반찬을 나눠주곤 했다. 누군가 도움을 주는 것은 좋은 일이지만, 그 시절 나에게는 모욕처럼 다가왔고, 나는 과제를 안 했다는 둥, 일이 있다는 둥, 여러 핑계를 대가며 친구들과의 식사 자리를 피했다. 동시에 나는 친구들과의 우정과 여러 경험을 날릴 수밖에 없었다. 나중에 심리학을 연구하고 나서야 내가 왜 그 자리들을 피했는지 알게 되었다. 바로 나 스스로 존재 가치를 느끼지 못하면서 무의미하다고 생각했기 때문이다.

사람은 스스로가 가치 없다고 느끼면 여러 좋은 기회와 물건들을 밀어낸다. 밀어낸 게 반찬거리라면 그렇게 아쉬워하지 않아도 되겠지만, 첫눈에 반한 사람을, 중요한 승진 기회를, 인생을 바꿀 사업을 밀어낸 것이라면 어떻겠는가?

학교에서 늘 상위권 성적을 유지하던 학생이 있었다. 그런데 수능 전날 밤에 갑자기 병이 나서 시험을 아예 망쳐 버리고 말았다. 이후 그는 회사에서 능력을 인정받았지만 승진을 앞둔 아주 중요한 순간에 돌연 퇴사를 해버렸다. 또 그는 자신이 찾던 이상형의 여성을 만나 연인관계로 발전하려던 순간 연락을 끊고 말았다. 이 일들이 우연히 일어난 것처럼 보일 수 있지만, 사실은 그의 마음속 깊은 곳에 있는 '무의미'가 그를 조종한 것이다.

심리학에서는 이를 '요나 콤플렉스Jonah Complex'라고 부른다. 실패에 대한 공포감 때문에 자신의 성장 가능성을 스스로 포기하는 상태를 일컫는다. 구약성서에 등장하는 요나는 니느웨에 가서 심판을 예언하라는 하나님의 명령을 받는다. 이는 숭고한 사명이며 요나 또한 동경하던 것이었다. 그러나 이상이 현실이 되었을 때 요나는 큰 공포감을 느꼈고 어떻게든 상황을 회피하고자 했다. 왜 그랬을까? 자신에게는 이러한 큰 사명을 받을 만한 가치가 없다고 생각했기 때문이다.

이런 이야기도 있다. 개구리 네 마리가 우유 통 속에 빠졌다. 첫 번째 개구리는 말했다.

"나는 다른 개구리들에 비해 몸집도 작고 힘도 없어서 나가지 못할 거야."

첫 번째 개구리는 그렇게 가만히 멈춰서 죽음을 기다렸다. 두 번째 개구리가 말했다.

"이 통은 너무 깊어서 절대 위로 못 올라갈 거야."

두 번째 개구리도 첫 번째 개구리처럼 죽음을 기다리기로 했다.

세 번째 개구리는 운이 좋게도 우유가 굳어 버터가 된 부분에 떨어졌고 조금만 노력하면 빠져나갈 수 있는 상태였다. 하지만 세 번째 개구리는 속으로 생각했다. '이걸 밟고 나가라고? 내가 할 수 있을까? 아냐 난 못해' 그렇게 세 번째 개구리도 죽음을 기다리기로 했다. 네 번째 개구리는 주위를 둘러보며 말했다.

"내 뒷다리에는 아직 힘이 있어. 분명 디딜 만한 곳이 있을 거고 나는 나갈 수 있어."

네 번째 개구리는 헤엄을 치며 통 주변을 살폈고, 힘차게 발을 젓자, 우유는 점점 버터가 되어 갔다. 결국 네 번째 개구리만 버터를 딛고 통을 빠져나올 수 있었다.

첫 번째 개구리는 '무기력' 바이러스에, 두 번째 개구리는 '절망'에, 세 번째 개구리는 '무의미' 바이러스에 걸려 있다. 오직 네 번째 개구리만이 정상적인 개구리다. 어려움을 만났을 때 당신은 몇 번째 개구리가 될 것인가?

'틀 세우기'라는
말 기술

모든 사물에는 여러 가지 면이 존재하는 것처럼 틀 또한 그렇다. 앞 장에서는 틀의 각종 부정적인 면에 대해 알아봤는데, 적절하게 사용한다면 이 틀은 아주 좋은 언어 도구가 되어, 의사소통에 여러 편리함을 가져다준다.

고대 인도에서는 덕망 있는 불교 수행자를 '바가반'이라고 불렀다. 한번은 한 바가반이 어느 마을에 초청을 받아 불법佛法을 가르치러 갔다. 그는 단상에 오르자마자 사람들에게 물었다.

"여러분은 불법이 뭔지 아십니까?"

마을 사람들은 고개를 저으며 말했다.

"모릅니다."

그러자 바가반은 "모르는 이상, 제가 말해 봤자 소용이 없겠군요."라고 말하더니 마을을 떠났다. 나중에 이 바가반은 또다시 이 마을에 초청되었는데, 그는 단상에 올라 이렇게 물었다.

"시간이 어느 정도 흘렀는데, 이제는 불법이 뭔지 아십니까?"

이제 어느 정도 눈치가 생긴 마을 사람들은 이구동성으로 "압니다."라고 외쳤다. 그러자 바가반은 웃으며 말했다.

"여러분이 알고 있다니 제가 굳이 말할 필요가 없겠군요."

그렇게 그는 또 마을을 떠났다.

이 바가반은 현지에서 매우 유명했기 때문에 또다시 그 마을에 초청되었다. 지난 두 번의 경험이 있는 마을 사람들은 꾀를 내어 왼쪽에 있는 사람들은 안다고, 오른쪽에 있는 사람들은 모른다고 말하기로 했다. 역시나 바가반은 이번에도 같은 질문으로 말문을 열었고, 마을 사람들은 계획대로 말했다. 바가반은 크게 웃으며 이렇게 답했다.

"그러면 알고 있는 분들이 모르는 분들에게 가르쳐 주시면 되겠네요."라고 말하며 떠나려 했다. 그러자 한 청년이 황급히 나서며 "바가반님이 가르쳐 주시면 알게 될 것입니다."라고 말했다. 그제서야 바가반은 그들에게 열성을 다해 가르침을 주었다.

내가 설정한 범위에 집중시키는 기술

바가반은 왜 그랬을까? 사람들을 놀리려고 그런 것일까? 당연히 아니다. 바가반의 행동은 마을 사람들에게 불법을 더 배우고 싶게 만들었고, 그들의 초점을 '불법은 무엇인가?'에 집중시켰다. 이게 바로 이번 장에서 얘기할 '틀 세우기'라는 말 기술이다. 틀이란 하나의 범위와 같다. 틀 세우기는 듣는 이의 초점을 내가 설정한 범위에 집중시키는 기술이다.

컴퓨터에 있는 폴더를 떠올려보자. 새로운 폴더를 만들면 우선 이름을 지어야 한다. 폴더의 이름이 '쓸모없는 것들'이면 당신은 당연히 쓸모없는 잡동사니 파일을 담을 것이다. 만약 폴더의 이름이 '중요한 것들'이면 그곳에는 자연스레 중요한 파일들을 모으게 된다.

인생도 이와 같다. 초점이 어디를 향하는지에 따라 얻는 것이 달라진다. 그리고 이 초점에 영향을 주는 방법이 바로 틀 세우기다. 당신이 틀을 세우면 상대방은 그 틀에서 쉽게 벗어나지 못한다.

한 식당이 있다. 그 식당 종업원들은 손님에게 이렇게 질문한다. "손님, 차는 유자차, 녹차, 작두콩차, 도라지차가 있는데, 이 중 무엇으로 드릴까요?"

그러면 손님의 머릿속은 온통 차로 가득하게 되고, 여러 차 가운데 하나를 선택하게 된다. 이것이 전형적인 틀 세우기 기술이다. 종업원은 질문 속에 범위를 정해서 고객이 그 안에서 생각하고 선택하게 만든다.

틀 세우기는 의사소통을 할 때 없어서는 안 되는 기술이다. 틀 세우기를 터득하면 자녀 교육, 결혼 생활, 사회생활 등 우리가 가장 밀접하게 생활하는 세 가지 영역에서 자신의 설득력이 크게 향상되는 것을 느낄 수 있을 것이다.

틀을 세워 그 안에서 선택하게 하라

엄마가 아들이 핸드폰을 그만하고 공부하기를 원한다고 생각해 보자. 만약 이때 엄마가 "핸드폰 좀 그만해! 또 핸드폰 보면 그땐 바로 압수야!"라고 소리치면 어떻게 될까?

이 말을 들은 아들은 억압당하는 느낌을 받는다. 사람은 강제로 무언가를 하게 되면 속에 있는 반항심이 행동에 반영되기 마련이다. 아들은 못 들은 척하거나, '지금까지 공부하다 핸드폰은 이제 보기 시작했다'는 거짓말을 하거나, '화장실에 간다'는 핑계를 대며 핸드폰을 보려 할 것이다. 웬만한 엄마는 이러한 아들의 모습에 더욱 화가 날 것이고, 엄마와 아들 사이의 전쟁은 그렇게 시작된다.

여기서 문제의 근원은 무엇인가? 말의 초점이 어디 있는지 살펴보아야 한다. 현재 아이의 초점은 어디에 있는가? 핸드폰이다. 그럼 아이에게 핸드폰을 그만하라고 말하는 것은 핸드폰을 향한 아이의 초점을 다시 한번 강화하는 것과 다름없다.

이때 말을 이렇게 바꿔서 해보자.

"착한 아들, 이제 엄마를 좀 도와줄 나이가 되었지? 엄마랑 청소부터 하고 할까, 아니면 공부부터 하고 할까?"

이처럼 온화하게 말하면 아이는 질문 속 두 가지 틀 중에서 선택하게 되고 어떤 선택을 하던 핸드폰을 내려놓게 된다.

자신이 선택하지 않은 일을 하게 되면 어쩔 수 없이 한다는 느낌을 받고 반항하는 마음이 올라온다. 반대로 선택의 기회가 있는 사람은 자신이 선택한 일에 책임을 지려 한다. 사람의 이러한 심리를 따라 틀을 세우면 상대방을 설득하려는 목적을 쉽게 달성할 수 있다.

따라서 자녀를 잘 키우고 싶다면 선택형 질문으로 명령형 문제를 대체하는 방법을 배워야 한다. 이는 부딪칠 일을 줄여줄 뿐만 아니라, 결정권을 상대방에게 넘겨줌으로써 존중받는다는 느낌을 줄 수 있고 이로 인해 적절한 결정을 하게 만든다.

부부관계도 마찬가지다. 부부는 서로 결혼 생활의 주도권을 차지하려 하고 어떻게 하면 서로를 더 조종할 수 있을지 생각한다. 이 상황은 부부 모두에게 상처를 남길 뿐이다. 다른 사람의 방식대로 살고 싶어 하는 사람은 없기 때문이다.

누군가를 사랑한다면 그에게 자유를 주어야 한다. 그런데 무책임한 자유가 불안하다면 어떻게 해야 할까? 틀을 세우면 된다. 상대방에게 당신이 세운 틀 안에서 선택하게 하면 상대방은 자유를 얻음과 동시에 당신이 세운 틀을 벗어나지 않게 된다.

결혼기념일을 앞둔 한 부부가 있다. 남편에게 선물을 받고 싶은 아내는 남편에게 "여보, 곧 있으면 결혼기념일인데, 선물 좀 사줘."라고 이야기했다. 남편은 "선물은 무슨 선물, 가뜩이나 돈도 없는데."라며 대꾸했다. 이에 화가 난 아내는 "누가 비싼 거 사 달래? 그게 그렇게 어려워?"라고 말했고, 둘은 말다툼을 피할 수 없었다.

말을 살짝 바꿔서 이렇게 말한다면 어땠을까?

"곧 결혼기념일인데, 날 사랑하는 우리 남편은 나에게 어떤 선물을 할 계획일까?"

이 말을 들은 남편은 그때부터 어떤 선물로 아내를 향한 사랑을 표현할지 생각하게 된다.

첫 번째 아내의 말은 일종의 명령이다. 남편은 다른 선택이 없는 상황에서 행동하게 되고, 자유를 잃는다. 두 번째 아내의 말에는 범위가 있어서 남편은 그 안에서 선택을 하게 되고 편안함을 느낄 수 있다. 자신에게 선택의 자유가 있기 때문이다.

사람들에게는 자신만의 주관이 있고, 그 주관을 바꾸는 것은 하늘의 별 따기다. 하지만 틀을 세우면 얘기는 달라진다. 틀을 세워서 상대방의 사고 범위는 한정하고, 선택의 자유는 놔두면 바라는 바를 이룰 수 있다. 따라서 가장 좋은 설득 방법은 상대방이 자신을 스스로 설득하게 만드는 것이다.

틀 세우기는 리더를 맡은 사람들에게도 유용하다. 틀 세우기를

할 줄 모르는 리더들은 종종 부하직원들에게 어리석은 질문을 하곤
한다.

"요즘 무슨 문제라도 있나요?"

"당신의 문제점이 뭐라고 생각하나요?"

"지금 당신의 행동이 얼마나 어리석은지 알고 있나요?"

이런 질문들은 좋은 질문이 아니다. 상대방에게 부정적인 틀을 씌
우며 그가 그 속에서 빠져나오지 못하게 만든다. 틀만 바꾼다면 이
질문은 완전히 다른 모습으로 탈바꿈한다.

"요즘 떠오르는 아이디어가 있나요?"

"본인의 가장 큰 장점은 무엇인가요?"

"당신에게는 아직 발휘되지 않은 엄청난 잠재력이 있다는 것을 알
고 있나요?"

질문을 받은 상대의 초점은 온전히 자신의 역량에 맞춰지고, 그것
을 드러내기 위해 노력한다. 나쁜 리더는 상대에게 자괴감을 들게
하고, 좋은 리더는 상대를 끊임없이 발전하게끔 만든다. 두 리더의
차이는 어떤 틀을 세우는지에 달려 있다.

자신에게 틀 세우기

틀 세우기는 다른 사람에게 유용할 뿐만 아니라, 자신에게도 영향을 미칠 수 있다. 인생의 흥망성쇠는 대부분 자신에게 어떤 질문을 하느냐에 달려 있다. 실패자들은 다음과 같이 묻는다.

"이 일은 왜 나에게 일어났을까?"

"사장은 왜 이렇게 나를 싫어하지?"

"왜 나는 늘 이렇게 실수만 하지?"

느껴졌는가? 이런 질문들의 초점은 오롯이 부정적인 것에 맞춰져 있다. 성공하는 사람은 다르다. 그들은 자신에게 다음과 같이 묻는다.

"내가 실수한 것은 무엇 때문이었을까?"

"이 일은 나에게 어떤 교훈을 주었지?"

"내가 어떻게 해야 남들이 나를 좋아할까?"

"어떻게 해야 더 잘할 수 있을까?"

한차례의 폭우가 지나간 후, 어떤 사람은 하늘의 무지개를 보고, 어떤 사람은 땅의 진흙탕을 본다. 당신의 초점이 인생을 결정한다. 그리고 말 속에 있는 틀이 당신의 초점을 조종하는 것을 도와준다.

틀 세우기는 대화의 방향과 효력을 사로잡는 방법이고, 현명한 유세전략이다. 남들이 당신을 어떻게 대하느냐는 모두 당신이 가르쳐준 것이다. 상대방이 당신의 말대로 행동하길 바란다면, 그에게 틀을 세워 주어라. 자신을 본인이 바라는 대로 변화시키고 싶다면, 스스로에게 틀을 세워라.

누군가를 쉽게 설득하는 방법,
Yes Set

아이들이 하는 재미있는 놀이가 하나 있다. A는 B에게 숫자 '1'을 열 번 말하게 한다. B가 다 하고 난 뒤, A는 질문을 시작한다.

A 오 빼기 사는?

B 일.

A 이 빼기 일은?

B 일.

A 영 곱하기 일은?

B 일! 아, 아니지. 영, 영!

B는 왜 속았을까? 인간의 뇌에는 일종의 관성이 있기 때문이다.

우리는 뇌의 이러한 관성을 이용하여 교묘하게 틀을 만들어 질문함으로써 상대방을 우리가 생각하는 대로 이끌 수 있다. 이것이 바로 'Yes Set' 방법이다. 상대방에게 '예스Yes'가 나오는 질문을 네 번 이상 하는 식이다.

질문에는 흔히 두 유형이 있다. 하나는 폐쇄형이고 다른 하나는 개방형이다. 'Yes'나 'No'로 대답할 수 있는 질문은 폐쇄형 질문인데, 'Yes Set'은 이를 이용한 틀 세우기 방법이다.

상대의 관점을 바꾸는 대화법

소크라테스는 최초로 이 방법을 응용한 사람이다. 그는 상대에게 계속해서 반문하여 상대로 하여금 스스로 모순에 빠지게 해서, 결국 본인의 잘못을 인정하고 본래의 관점을 바꾸게 만드는 대화법을 고안했다.

도덕적인 사람은 거짓말을 해서는 안 된다고 말하는 한 청년이 있었다. 소크라테스가 그에게 물었다.

소크라테스 전쟁에서 승리하기 위해 적군에게 거짓말을 하는 것은 도덕적인 일이 아닌가?

청년 네, 적군을 속이는 것은 괜찮지만 자기 편을 속이는 것은 부도덕한 일입니다.

소크라테스 전쟁 중 포위를 당해 사기가 떨어진 아군에게 사기를 돋

우고자 지원군이 오고 있다고 거짓말을 했다면, 그 덕분에 전쟁에서 승리할 수 있었다면 이건 도덕적인 일이 아닌가?

청년 네, 전쟁은 특수한 상황입니다. 일상생활에서는 거짓말을 해선 안 됩니다.

소크라테스 그럼 일상생활에서 약을 먹지 않으려는 아이에게 약이 쓰지 않다고 거짓말한 아버지는 도덕적이지 않은가?

청년은 인정하지 않을 수 없었다. "도덕적입니다."

상대방이 무조건 'Yes'라 대답해야 하는 질문을 만들어 보자. 사람의 뇌에는 관성이 있어서, 연속으로 'Yes'라 대답하다 보면, 문제의 내용을 간과하고 관성적으로 'Yes'라 대답하게 된다.

다음 몇 가지 질문에 대답해 보자.

당신은 한국인입니까?

당신은 한국이 더욱 발전하길 바랍니까?

당신은 지금보다 더 잘살기를 바랍니까?

당신은 더 훌륭해지고 싶습니까?

당신은 가족들이 다 잘살기를 바랍니까?

당신은 자녀가 행복하길 바랍니까?

당신은 자신과 가족이 모두 다 건강하길 바랍니까?

당신은 이 수업을 듣기 위해 비용을 내고 싶습니까?

여러분 중 대부분이 마지막 질문에도 'Yes'라고 말했을 거라 생각한다. 상대에게 'Yes'라고 대답할 질문을 연속으로 일곱 개 이상 말하게 하면 이어지는 여덟 번째 문제에도 'Yes'라 대답할 가능성이 크다. 이게 바로 'Yes Set' 질문 기술이다. '아니요'라는 대답은 스스로의 몸을 반항적인 상태로 변화시킨다. 하지만 '네'라는 대답은 몸을 개방적인 상태로 만들어서 대화를 긍정적인 방향으로 발전시키는 것이다.

현실 생활에서 다른 사람을 설득하고 싶든, 비즈니스 협상을 하든, 부하직원의 충성을 받고 싶든, 모두 쉬운 일이 아니다. 상대방의 사고방식과 이미 자리 잡은 편견이 너무나 완고하기 때문이다. 이러한 상황에 직면했을 때, 너무 조급해하지 말고 'Yes Set' 방법을 사용해 보자. 대화의 초반에 상대방의 '네'라는 대답을 유도해서 그의 심리를 긍정적인 방향으로 틀고, 그가 스스로 자신의 고정관념을 부술 때까지 기다리며 천천히 거리를 좁힌다.

예를 들어, 한 정수기 회사의 영업사원이 고객에게 전화를 걸어서 이렇게 말했다고 생각해 보자.

"고객님, 회사에 정수기 하나 놓으세요."

상대방은 대부분 "아뇨, 괜찮습니다."라고 대답할 것이고, 영업의 기회는 날아가 버린다. 질문을 바꿔서 이렇게 말하면 어떤가?

"고객님의 회사는 정수기를 사용하나요?"

상대방은 보통 "네"라고 대답할 것이고, 영업사원은 질문을 이어간다.

"아무때나 차갑거나 따뜻한 물을 마실 수 있으니 정수기를 사용하는 게 편하지요?"

상대방은 또 "네"라고 대답할 것이고, 영업사원은 또 질문한다.

"정수기 필터를 갈지 않은 채로 오래 쓰면 세균이 많이 생깁니다. 그렇지 않나요?"

상대방은 또 "네"라고 대답한다. 이때 영업사원은 말한다.

"만약에 자동 청정 시스템이 있는 정수기가 있다면 써 보고 싶지 않나요?"

상대방은 관성적으로 "네."라고 대답하게 된다. 그러면 영업의 절반은 성공이다.

원래 '네'라는 반응을 얻는 것은 간단한 일이다. 그런데 실생활에서는 상대방의 의견에 반대할 궁리만 찾는 사람들이 존재한다. 마치 그래야만 자신이 남들과 다르다는 것을 보여 줄 수 있다는 듯이 말이다.

지혜로운 사람은 누군가와 대화할 때 서로 간의 이견을 부각하지 않는다. 대신 서로의 공통된 의견을 더 우선시한다. 설혹 다른 시각을 가졌더라도 공통된 목표를 갖고 있을 수 있다. 처음부터 상대가 '네'라고 말하게 하면, 상대방의 인정을 받을 가능성이 크게 올라간다.

SCORE 패턴:
새로운 세계를 여는 대화법

마음이 무거워지는 수치를 먼저 살펴보자. 2017년 세계보건기구 통계에 따르면, 매년 전 세계에서는 대략 78.6만 명이 자살을 한다. 매년 전체 인구 10만 명 중 10.7명이 자살하는 셈이고, 40초마다 한 명이 스스로 목숨을 끊는다는 말이다. 한국은 OECD 국가 중 자살률 1위이고, 2019년 기준 하루 평균 37.8명이 자살을 택했다.

많은 사람이 뚜렷한 병이 느껴져야 심리 상담을 받는다고 여긴다. 그들은 심리 상담사들에게 도움을 청하는 것을 부끄러워하거나 사람들에게 손가락질받을까 두려워하곤 한다. 또한 상담을 위해 돈 쓰는 것을 가치 없는 일이라고 생각하는 사람들도 있다.

"음식은 사면 먹을 수라도 있고, 옷은 입을 수라도 있는데, 상담을 위해 돈을 낸다? 뭐가 남는데?"

그들의 말대로 과연 남는 것이 아무것도 없을까?

심리 상담은 사람들이 생각하는 것처럼 병을 고치기 위한 일이 아니다. 이는 사람의 성장과 생명의 가치에 기반하여 진행되는 일이다. 전문가와 상담하고 난 뒤 많은 이들이 말한다.

"완전히 새로운 세상을 만났고, 전과는 다른 인생을 얻었으며, 그로 인해 나의 생활과 운명이 변화되었다."

이 가치는 그들이 낸 상담비를 훌쩍 넘어서고도 남는다.

전문가들과의 대화는 충분히 경험할 가치가 있다. 그는 당신이 가보지 못한 곳과 그동안 습관적으로 발길을 끊었던 곳으로 당신을 데려다준다. 그는 당신이 여태껏 생각해 보지 않았던 것을 생각하게 하고 당신이 새로운 세상의 문을 열 수 있게 도와준다. 이 가치는 헤아릴 수 없을 정도로 크다.

만일 당신이 심리 상담 분야에 종사할 필요 없이 이러한 전문 기술을 얻는다면 어떨 것 같은가? 상담을 통해 주변 사람들에게 생명의 가치를 알려 주고 새로운 삶을 살게 만들어 주고 심지어 삶을 포기하려는 자의 마음도 돌려놓을 수 있다. 이 얼마나 아름다운 일인가? 나는 이 세상 모든 사람이 심리 관련 지식을 어느 정도 알고 있으면 좋겠다. 물론 전문적인 심리 상담사가 되려면 기나긴 훈련을 거쳐야 하지만 상담을 할 줄 아는 사람이 되는 것은 그리 어렵지 않다. 틀을 정하고 그 틀에 따라서 대화하면 된다. 그 방법이 바로 'SCORE 패턴'이다.

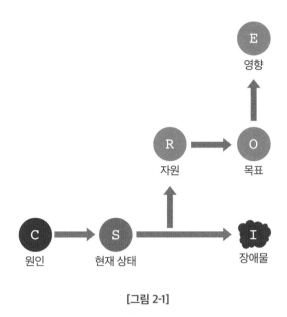

[그림 2-1]

Situation(현재 상태): 지금 어디에 있는가?

상대방이 상담을 요청해 오면 우선 그가 현재 어떤 상태에 처해 있는지 알아야 한다. 어떤 일이 일어났는지, 어떤 결과를 초래했는지, 상대의 기분은 어떤지 등 현재 상태를 알아볼 때 최대한 중립을 지켜야 하고, 토를 달면 안 된다. 상대의 상태가 어떻든 내가 할 수 있는 최고의 방법은 사실을 있는 그대로 받아들이는 것이다. 곁에서 가만히 집중해서 들어주고 공감해주면 된다.

Object(목표): 어디로 갈 것인가?

현재 상태를 파악했다면, 이제 상대의 초점을 자신의 목표로 옮겨 놓는 것이 중요하다. 그렇지 않으면 그는 문제의 틀 속으로 깊게 빠져들고 만다.

미국 예일대학에서 20년 동안 추적 조사를 했다. 맨 처음 이 조사를 시작할 때 연구원은 조사에 참여한 학생들에게 다음과 같은 질문을 했다.

"여러분은 목표가 있나요?"

그러자 90%가 있다고 말했다. 연구원은 또 물었다.

"목표가 있다면 종이에 적어보세요."

그러자 4%만 적어냈다. 20년이 지난 뒤, 예일대학 연구진은 당시 프로젝트에 참여한 학생들을 조사했다. 그 결과, 목표를 종이에 적어낸 학생들의 사업 발전 또는 생활 수준이 그렇지 않은 학생들보다 훨씬 높았다. 그들이 창출한 가치는 나머지 96%의 총합보다 월등히 컸다. 그러면 나머지 96%는 어디서 무얼 하고 있었을까? 연구진의 조사 결과, 그들은 직·간접적으로 4%의 이상 실현을 도와주기 바빴다.

목표는 등대처럼 우리의 앞길을 비춰 주고, 나침반처럼 인생이 나아갈 방향을 가리켜 준다. 목표는 우리의 미래에 아주 커다란 영향을 미친다. 상대를 목표라는 틀로 이끄는 것은 아주 간단하다. 그저 이렇게 물어보면 된다.

"모든 것이 가능하다면 무엇을 제일 하고 싶나요?"

"당신은 지금과 같은 상황 말고 어떤 상황을 마주하길 바라나요?" 이 질문에 숨어 있는 가장 중요한 기술은 바로 그에게 '모든 것이 다 가능하다면'이라는 전제를 깔아 주는 것이다. 많은 사람이 마음속에 있는 '가망이 없다'는 생각 때문에 미래를 상상하려고 하지 않는다. '무엇이든 가능하다'는 전제를 제시하는 것은 상대에게 모든 걱정을 내려놓고 미래의 목표를 마음껏 상상하게 하기 위함이다.

Effect(영향): 왜 그곳에 가려고 하는가?

이것은 아주 심각한 문제지만 많은 사람이 망각하는 부분이다. 대부분 사람은 목표를 꼭 이루어야 하는 이유도 모른 채 그저 남들이 하니까 따라 하는 경우가 많다. 그래서 "왜 그곳에 가려고 하는가?"라는 질문을 받을 때 많은 이들이 할 말을 잃곤 한다.

따라서 목표가 정말 이뤄졌을 때 어떤 영향을 받게 되는지를 그에게 보여 줘야 한다. 그렇게 하면 그는 자신의 목표를 조정할 수도 있고 행동력을 얻어 목표 달성에 도움이 될 수도 있다.

당사자로 하여금 이 틀에 들어가게 하려면 어떻게 해야 할까? 그의 시각, 청각, 촉각을 총동원하여 목표를 이룬 후 보게 될 것들, 듣게 될 사람들의 칭송, 그때의 기분을 느끼고 상상하게 해 줘야 한다.

예를 들어 당신의 목표가 '10년 뒤까지 100억 벌기'라고 치자. 이 숫자만 봐서는 별 느낌이 없을 수 있다. 하지만 내가 당신에게 100

억을 손에 쥐여 줬을 때, 당신 앞에는 무엇이 펼쳐져 있고, 무엇을 듣고 있고, 어떤 것을 느끼고 있냐고 묻는다면, 당신은 아마도 10년 후 자신이 호화로운 주택에서 살면서 비싼 차를 타고, 사고 싶은 것을 마음대로 사며, 친구들의 부러워하는 소리를 듣고, 집안에서 존경받는 모습을 마음껏 상상할 것이다. 그러면 자연스레 의지와 행동력이 가득 차오르게 된다.

Resource(자원, 역량): 역경을 뚫을 수 있게 하는 것은 무엇인가?

의지가 충전됐다면, 목표를 실현하는 데 필요한 자원을 찾을 수 있도록 도와야 한다. 많은 사람이 자신의 능력과 자원 부족을 탓하며 목표를 이루지 못한다고 생각한다. 이렇게 생각하는 근본적인 원인은 내면의 틀에 갇혀 있기 때문이다.

외출하기 전 자동차 열쇠를 찾아본 적이 있다면 알 것이다. 분명히 방 어딘가에 열쇠가 있다는 건 알지만 찾지 못할 때가 있다. 늘 익숙한 곳에서 찾는 것이 습관이 되었기 때문이다. 자원도 이와 같다. 각 사람에게는 목표를 이룰 수 있는 자원이나 역량이 있다. 안타깝게도 늘 익숙한 곳에서 그것을 찾으려다 보니 자연스레 찾지 못한다.

자원을 찾을 수 있게 도와주는 가장 간단한 방법은 원래 가지고 있는 틀을 깨고 생각하지 못했던 부분을 생각하게 해 주는 것이다. 그러면 끊임없이 자신이 가진 자원을 발견할 수 있다. 앞에서 얘기한 "이 세상은 자신이 스스로 제한을 두지 않는 한 무한하다."라는 말처럼 말이다.

인생에서 우리는 여러 장애물에 부딪히곤 한다. 보통 사람들은 장애물을 만나면 우왕좌왕하지만 성공하는 사람들은 그렇지 않다. 그들은 자신이 가진 자원을 찾는 데 집중한다. 자원을 찾는 또 다른 방법은 바로 능력 향상이다. 능력이 향상되면, 원래의 장애물은 더이상 문제가 되지 않는다.

초등학교 1학년 학생을 예로 들어보자. 갓 초등학교에 들어간 아이에게 99+88은 어려운 문제다. 시간이 흘러 초등학교 3학년이 된 학생에게 99+88은 눈 감고도 풀 수 있는 쉬운 문제가 된다. 문제는 변하지 않으며, 능력을 향상하면 저절로 해결된다.

Cause(원인): 무엇이 오늘과 같은 결과를 초래했는가?
과거로부터 자원을 얻는 방법도 있다. 모든 상처에는 보물이 숨겨져 있기 마련이다. 이렇게 말할 수 있는 이유는 무엇일까?

삼십 대 중반의 여성이 상담을 받으러 온 적이 있었다. 결혼을 하고 싶었지만 지금껏 좋은 남자를 만나지 못했다고 한다. 최면상담 결과, 그녀는 열악한 가정환경에서 매일 아버지가 어머니에게 폭력을 행사하는 모습을 보며 어린 시절을 보냈음을 알 수 있었다. 그녀의 잠재의식은 그 고통이 재발하는 것을 피하기 위해 남자를 만나는 것, 특히 그녀의 아버지처럼 힘이 센 남자를 선택적으로 차단했다. 이런 상황을 심리학에선 '선택적 회피'라고 부른다. 내가 받아들이기 쉽거나 나에게 유리한 정보만 취합해 맹신하는 행동을 말한다. 한번 뱀에게 물리면 동아줄만 봐도 놀라는 것과 같은 이치다. 이 여성에게 어울리는 남성이 없는 것이 아니라, 그녀의 잠재의식이 수많은 남성을 차단한 것이다. 다시 말해, 과거의 트라우마가 상대 남성을 차단했을 가능성이 크다.

창업에 실패한 사람은 앞으로의 사업 기회를 보지 못할 수도 있고, 무대에서 망신을 당한 연설가는 그 뒤로 무대 위에 오르지 못할 수도 있으며, 노래를 불렀다가 비웃음을 당한 사람은 평생 자신을 노래에 재능이 없는 사람이라고 생각할 수 있다. 의외로 이러한 상처들 뒤에 보물이 감춰져 있다.

어떻게 해야 이 보물들을 발굴할 수 있을까? 이미 지난 일을 바꿀 수는 없지만, 그 지난 일에 대한 관점은 바꿀 수 있다. 관점이 바뀌면 보물도 자동으로 눈에 들어온다.

10여 년 전에 맡았던 심리 치료가 기억난다. 한 학생이 치료가 끝난 뒤 이렇게 외쳤다.

"이럴 수가, 세상이 이런 모습이었다고? 말도 안 돼!"

그는 두 눈을 크게 뜨고 중얼거렸다.

"빨간색이 원래는 이런 거였구나! 이렇게 산뜻하고 아름다울 줄이야…."

그는 어렸을 적 끔찍한 일을 겪었다. 당시 다섯 살 정도였던 그는 친척 집 차 조수석에 앉아 있었다. 조수석은 어린아이가 앉기에는 위험한 자리다. 그리고 하필이면 그날 예기치 못한 상황이 벌어졌고, 어린 그는 전방 유리가 선홍빛 피로 물드는 것을 눈앞에서 보고 말았다. 심리 치료과정에서 그 장면을 떠올린 그는 마치 그때로 돌아간 듯 온몸을 떨며 겁에 질려 비명을 질렀다. 치료 후 다시 눈을 뜬 그의 앞에 전과 다른 세상이 펼쳐진 이유는 무엇일까?

알고 보니, 당시 피투성이가 된 유리를 보고 어린 그가 너무 놀랐고, 그의 잠재의식은 더 큰 충격에서 보호하기 위해 선택적으로 '빨간색'을 감지하는 능력을 감퇴시켰다. 그 후로 다른 이들이 보는 빨간색을 볼 수 없었다. 이 증상에 대한 치료는 생각보다 간단했다.

먼저 그 사건을 상기시켜 당사자가 그에 대한 감정을 마음껏 표출하게 한 후 이렇게 말해 주었다.

"당시 당신은 어려서 스스로 보호할 수 없었습니다. 그래서 잠재의식이 당신을 보호하기 위해 선택적으로 빨간색의 자극을 차단했습니다. 하지만 이제 당신은 어리지 않고 그에 맞설 능력을 지녔습니다. 더이상 차단을 통해 자신을 보호할 필요가 없습니다."

그러자 그의 잠재의식이 열렸고 위기 상황을 감지하는 능력이 회복되었다. 그렇게 새로운 세상을 보게 된 그는 감격에 차 이렇게 외쳤다.

"내가 그동안 봐 온 세상은 다 가짜였구나! 세상이 이렇게 다채롭고 아름답다니!"

나는 이런 일들을 수없이 많이 봐 왔는데 그 배후에는 한 가지 간단한 원리가 있다. 이 상처의 기본 원리만 깨닫는다면, 자신의 상처를 마주하고 치료할 수 있을 뿐만 아니라 타인의 상처도 치료해 줄 수 있다. 심지어는 자신의 남은 인생을 송두리째 바꿀 수도 있다.

치료는 과거를 바꾸는 것이고, 코칭은 미래를 창조하는 것이다. 대개는 이 '원인' 부분에 손댈 필요가 없다. 전문적인 심리 상담 능력이 필요하기 때문이다. 상담사는 될 수 없을지 몰라도, 코치는 무조건 될 수 있다.

앞서 얘기한 이 몇 가지 틀의 조합이 바로 SCORE 패턴이다. 이 패턴은 콜택시 기사들이 하는 질문과 매우 비슷하다. 콜을 받을 때 기사는 손님에게 이렇게 묻는다

"지금 어디 계세요?"

그가 질문한 것은 현재 상태다. 손님이 차에 타면 "어디로 가세요?" 이는 목표를 묻는 것이다. 그렇게 이런저런 얘기를 하며 목적지로 가는 길에 또 손님에게 묻는다.

"거기엔 뭐하러 가세요? 회의, 면접?"

이것은 영향이다. 중간에 차가 막히면 그는 선택한다.

"살짝 돌아서 가면 더 빨리 목적지에 갈 수 있을 거야."

이는 새로운 자원을 찾는 행동이다.

생활하면서 조금만 주의를 기울이면, 당신도 굉장히 가치 있는 대화를 할 수 있다.

상대를 변화시키는
언어 모델

술자리에서 한 친구가 이런 농담을 했다.

"원숭이에서 사람으로 진화하기까지는 몇 백만 년이 걸리는데, 사람이 원숭이로 변하는 것은 술 한 병이면 돼!"

농담이지만, 나는 그 속에 매우 깊은 뜻이 있다고 생각했다.

사람에게 변화는 몹시 어렵기도, 또는 아주 쉽기도 하다. 세상에서 가장 흔들기 어려운 것은 상대방의 뿌리 깊은 인지 논리이다. 한 사람의 깊은 고집 속에는 그의 지난 인생과 세상에 대한 이해가 담겨 있어서 단기간에 고치기 어렵다. 하지만 당신이 몇 가지 방법을 터득하면, 가벼운 몇 마디로도 한 사람을 변화시킬 수 있다.

이것이 바로 틀의 매력이다. 상대방과 피 튀기는 설전을 할 필요 없이, 몇 가지 틀을 세워서 상대방이 그 틀 안에서 사고하게 하면 된다. 지금부터는 틀 세우기 기술 세 가지를 공유하겠다. 이 기술의 조합을 우리는 '강력한 문제 발생기' 또는 '사상 단련실'이라고 부른다. 이름만 봐도 그 위력이 느껴지지 않는가?

1. 위치 감지법: 위치가 시각을 결정하고, 시각은 관점에 영향을 미친다

춘추시대, 제나라의 군주 제경공齊景公에게는 '새 기르기'라는 특별한 취미가 있었다. 그는 자신의 새들을 최대한 잘 보살피기 위해서 별도의 관리인 조관을 두었다. 그 조관의 이름은 초추였다.

새 중에는 제경공이 가장 아끼는 아름다운 새 한 마리가 있었는데, 어느 날 그 새가 새장을 탈출해 도망가 버렸다. 이에 화가 머리끝까지 난 제경공은 초추를 사형시키려 했다. 새 한 마리 때문에 사람을 죽이는 것은 너무 지나친 일이라는 걸 모두가 알았지만, 아무도 감히 나서서 말하지 못했다. 불똥이 자신에게 튀어 자신의 목까지 달아나 버릴까 봐 겁이 났기 때문이다.

다행히도 초추에게는 안영이라는 지혜로운 동료가 있었다. 사람들이 모두 침묵을 지키고 있을 때, 안영은 제경공에게 다음과 같이 부탁했다.

"폐하, 부디 사형을 집행하기 전에 제가 초추에게 그 죄목을 일러주어 자신이 죽는 이유를 확실히 알게 해 주십시오."

제경공은 승낙했다. 안영은 정색을 하고 포박되어 있는 초추에게 엄숙하게 말했다.

"너는 세 가지 죽을죄를 범했다. 왕께서 맡긴 새를 네가 부주의해서 도망가게 놔둔 죄, 우리의 슬기로운 왕이 새 한 마리 때문에 한 사람을 죽이게 한 죄, 우리의 슬기로운 왕께서 새 한 마리 때문에 한 사람을 죽였다는 것을 전국의 백성들이 다 알게 될 터인데, 그럼 백성들이 우리의 왕을 어떻게 생각하겠는가? 새의 목숨보다 사람의 목숨을 가볍게 여기는 왕이라 생각할 것 아닌가? 그렇게 우리 슬기로운 왕의 이름에 먹칠한 죄. 너는 죽어 마땅하다."

말을 마친 후, 안영은 몸을 돌려 제경공에게 말했다.

"폐하, 이제 저자를 죽이소서."

안영의 말을 들은 제경공은 안영의 뜻을 이해했다. 그는 무안한 듯 헛기침을 한번 하고는, "됐다. 그를 놓아주어라."라고 말한 후 안영에게 가서 그의 손을 잡고 이렇게 말했다.

"자네의 깨우침이 없었다면 큰 잘못을 저지를 뻔했네."

안영의 언사, 이 얼마나 뛰어나고 현명한가. 안영은 제경공에게 생각을 바꾸라고 권유하지 않았고, 비난하지 않았으며 논쟁은 더더욱 하지 않았다. 그렇지만 그는 아주 손쉽게 제경공의 마음을 바꾸어 놓았다. 그가 열거한 세 가지 죄명은 사실상 하나의 사건을 그저 세 가지 다른 각도에서 표현했을 뿐이다.

첫 번째는 초추 본인, 두 번째는 군주, 세 번째는 백성들이다. 이처럼 한 가지 일을 서로 다른 각도에서 더 정확하게 보게 만드는 방법이 '위치 감지법'이다. 위치 감지법에는 세 가지 위치가 있다.

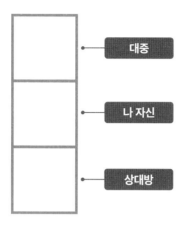

[그림 2-2]

위치 감지법은 '나 자신', '상대방', '대중', 이 세 가지 틀을 통해서 당사자가 문제를 서로 다른 틀에서 바라보게 한다. 이 세 가지 틀을 통해 상대방의 시야를 끊임없이 넓히며, 더 큰 차원에서 문제를 볼 수 있게 전환함으로써 스스로 깨닫게 하는 효과를 낸다.

위치 감지법은 남을 설득할 때 매우 효과적이다. 예를 들어, 친구가 힘든 일로 자포자기하려 할 때 당신이 직접 이치를 설명하려 들면 그는 분명 듣지 않는다. 이때 우선 그의 관점에서 문제를 분석하고 이렇게 질문하자.

"만일 국가 정상이 이와 같은 어려움을 마주했다면 그는 어떻게 생각했을까?"

마지막으로는 그의 마음을 찌르는 질문을 하나 하자.

"네 자녀가 지금 너의 모습을 본다면 무슨 생각을 할까? 그리고 너에게서 무엇을 배울까?"

현재의 위치에서 벗어나, 다른 위치에서 현 상황을 정확하게 볼 수 있게 하는 것이 바로 위치감지법의 원리다. 자신의 위치에서 문제를 바라보면 모두 자신이 옳다고 느끼게 마련이다. 이럴 때 그와 시시비비를 가리기에 급급하면 안 된다. 틀을 세우고 그를 자신만의 관점에서 벗어나게 해 자신을 객관적으로 돌아보게 해야 한다.

위치가 시각을 결정하고 시각은 관점에 영향을 준다. 위치가 바뀌면 관점도 자연스레 바뀐다.

2. 타임라인: 가장 좋은 곤경 탈출법

경제적인 문제로 1년 형을 선고받고 옥살이를 한 학생이 있었다. 그가 출소하는 날, 맨 처음 나에게 전화를 걸어서 이렇게 말했다. "너무 괴롭습니다. 어떻게 해야 할지 모르겠어요. 가족도, 자식들도 볼 용기가 없습니다. 이제 막 감옥에서 나왔는데 집에 갈 엄두도 나지 않아 첫 전화도 선생님께 걸었어요. 선생님밖에 믿을 사람이 없거든요."

이 상황에서 나는 뭐라고 말했어야 할까? 만약에 내가 위로한답시고 "괜찮아요. 용기를 내요! 사나이 아닙니까!"라고 했다면, 소용이 있었을까? 큰 상처나 어려움을 마주했을 때, 이런 위로는 별 힘이 되지 않는다.

그렇다면 어떻게 해야 할까? 나는 그에게 두 가지 질문을 했다.

"일은 이미 벌어졌습니다. 당신은 지난 1년을 보내면서 무엇을 배웠나요? 이것이 가장 중요합니다."

이 질문을 던지자 그는 이내 괴로워하던 상태에서 벗어나 감옥 생활 중 체험한 것과 느낀 점들을 들려주기 시작했다. 이어서 나는 두 번째 질문을 던졌다.

"나는 당신이 그 총명한 머리로 언젠가 회고록을 낼 수 있으리라고 믿어 의심치 않습니다. 만약 미래의 당신이 회고록을 쓴다면, 이번 경험을 어떻게 회고할 것인가요?"

이 질문은 그를 슬픔 속에서 완전히 끌어내었고, 그는 이 특수한 경험이 자신의 인생에 어떤 가치가 있는지 똑바로 살펴보기 시작했다.

이 예시에서, 나는 '타임라인 틀 세우기'를 적용했다. 상대방을 현재로부터 끌어내어 그의 시간 틀을 과거와 미래로 두고, 그에게 과거로부터 배움을, 미래로부터 자원을 얻게 하는 방법을 운용했다.

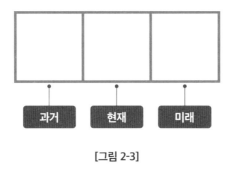

[그림 2-3]

심리학 연구에 따르면, 한 사람이 곤경에 처했을 때 그의 초점은 보통 '과거에 잃어버린 것'에 맞춰져 있다. 이때 시간의 틀을 조금 전환하여 초점을 '미래에 얻을 것'에 맞추면 곤경은 자연스레 해결된다. 아마 누구나 과거에 어려운 일을 겪은 적이 한두 번쯤 있을 것이다. 당시에는 하늘이 무너져 내리는 기분이고, 심지어 죽음까지 생각했을 수도 있다. 하지만 지금 그때를 돌이켜 보면 별것 아니었다는 생각이 들지 않는가? 마찬가지로, 오늘날 마주친 어려움을 현재라는 시간의 틀에서 보면 변함없이 어렵다. 그러나 미래의 관점에서 보면 달라진다. 그냥 지나가는 일일 뿐이다. 이것이 바로 타임라인의 위력이고, 가장 좋은 곤경 탈출 방법이다.

다음은 미래의 틀을 이용한 효과 만점 질문들이다.

"10년 후 당신은, 오늘 내린 이 결정을 어떻게 생각할까요?"

"미래의 당신이 현재의 당신에게 조언한다면, 그는 당신에게 뭐라고 말할까요?"

"현재 당신의 이런 모습을 미래의 당신이 만족해할까요?"

"미래의 당신은 현재 당신이 한 행동으로 어떤 대가를 치를까요?"

문제 자체는 문제가 아니다. 관건은 현재의 당신이 그것을 문제로 삼았다는 것이다. 미래에서 현재를 바라보면 문제가 되는 것은 하나도 없다.

3. 위치 감지법과 타임라인의 조합: 시야를 넓히는 방법

앞서 말한 두 가지 방법을 합치면, 아래 그림처럼 된다.

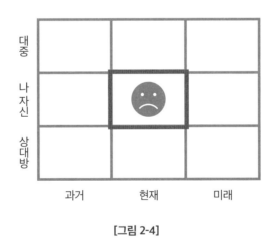

[그림 2-4]

위 그림에서 볼 수 있듯이, 일반적인 사람들은 틀 안에서만 문제를 생각하며 제한된 시공간 안에서 살아간다. 그들의 세계는 딱 저 사각형만 한데, 어떻게 위대한 사업을 이룰 수 있겠는가?

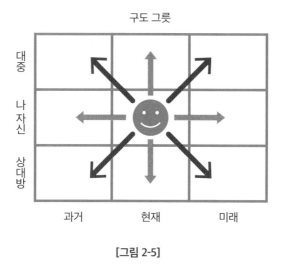

[그림 2-5]

짜임새 있는 사람의 틀은 마치 위 그림처럼 아홉 개의 칸 전체에 분포되어 있다. 그는 자신뿐 아니라 타인, 대중까지 자신의 사고 범위에 포함한다. 또, 현재뿐만 아니라 과거와 미래 또한 그의 사고 범위 안에 존재한다. 마음먹는 크기에 따라 이룰 수 있는 일의 크기 또한 바뀐다.

마음속에 사랑과 사람이 있는 자가 보다 큰일을 이룰 수 있다. 물론 모든 사람이 날 때부터 큰 구도를 품고 태어나는 것은 아니다. 나도 끊임없는 학습과 코칭을 통해 조금씩 넓혀 갈 수 있었다. 어떻게 해야 구도를 넓힐 수 있을까? 질문을 통해 위 그림의 아홉 가지 틀을 세워보자. 당신이 세운 틀을 통해 작은 틀에 갇혀 있는 누군가를 끌고 나올 수도 있다. 계속 하다 보면 당신의 코칭에 따라 그의 구도가 자연스레 넓어진다.

116

한 사례를 통해 연습해 보자. 철수와 영희는 결혼한 지 10년이 되었고, 슬하에는 1남 1녀 두 아이가 있다. 시간이 흐르면서 서로에 대한 감정에 문제가 생기면서 두 사람은 매일 말다툼을 한다. 철수는 이혼해야 할지 말지 고민하다가 당신을 찾아왔고, 도움을 얻고자 한다. 자, 어떻게 도와줄 것인가?

　　앞서 나온 아홉 가지 틀을 따라 우선 세로 좌표를 살펴보자. 이 사례에서 첫 번째, 두 번째, 세 번째는 각각 누구인가? 첫 번째는 의심할 여지 없이 철수이고, 두 번째는 영희, 세 번째는 아이들과 가족들이다. 당신은 이 그림에 따라 틀을 세워서 철수에게 다른 위치에서 문제를 생각하게 할 수 있다.

철수의 현재 지금 당신은 어떤 생각을 하고 있나요?

아이들의 현재 당신의 두 아이는 현재 어떤 생각을 하고 있나요?

아이들의 미래 이혼한 뒤, 두 아이의 미래는 어떻게 될까요?

영희의 과거 영희는 당시 왜 당신과 결혼하기로 했을까요? 지난 10년 동안 당신의 아내는 행복했나요?

영희의 현재 당신의 아내는 지금 두 사람의 관계에 대해 어떻게 생각하고 있나요? 아내에게 당신은 어떤 사람인가요? 그녀는 현재 당신과의 결혼 생활에 만족하나요?

영희의 미래 만약에 이혼을 한다면, 당신의 아내는 미래에 어떻게 살게 될까요? 앞으로 자녀들을 어떻게 대하게 될까요?

철수의 과거 결혼 생활 동안, 당신은 자신의 행실에 만족하나요? 신혼 때, 당신은 아내와 어떻게 지냈나요? 지난 결혼 생활 중에서 기억에 남는 순간들이 있나요?

철수의 미래 당신은 지금보다 더 좋은 사람을 만날 수 있을 것이라 자신하나요? 이혼 후 자녀들을 어떻게 대할 것인가요?

철수의 현재 만약 이 결혼 생활에 아직 희망이 있다면, 당신은 무엇을 할 수 있나요? 어떻게 해야 아이들의 미래에 영향을 덜 줄 수 있을까요?

세 번째 영역에서 계속해서 파고들어도 좋다. 자녀 외에, 친구, 부모, 직장 동료 등을 적용해도 된다.

친구들의 과거 친구들은 어떤 충고를 해 줬나요?

부모님의 현재 현재 당신의 부모님은 이혼에 동의하셨나요?

동료들의 미래 이혼 후, 동료들은 당신을 어떻게 대할까요?

이것이 바로 코칭의 기본기인 틀 세우기다. 일련의 질문을 통해, 당사자가 여러 관점에서 문제를 생각하고, 시야를 넓힐 수 있게 한다. 그런 다음, 인지를 열어서 자신의 구도를 넓히게 한다. 내 구도도 이처럼 끊임없는 배움을 통해 서서히 넓어졌다.

여섯 가지 의식 레벨: 인생의 수준을 높이는 언어 패턴

아인슈타인은 "문제가 발생했을 때와 똑같은 사고방식으로는 문제를 해결할 수 없다."고 말했다. 직장이나 가정생활, 삶을 살아가는 동안 문제를 마주했을 때, 그보다 더 높은 레벨에서 문제를 해결할 수 있다는 말이다. 어떻게 문제를 해결할 수 있고, 더 높은 레벨은 또 무슨 의미일까? 먼저 의식의 레벨에 대해 알아보자.

의식 레벨은 신경 언어 프로그래밍의 개발자인 로버트 딜츠^{Robert} ^{Dilts}가 만든 도구이다. 쉽게 말해, 그는 인간의 사고가 환경, 행동, 능력, 신념, 정체성, 영성, 이 여섯 가지 레벨로 나뉘어 있다는 것을 발견했다. 자세히 들여다보자.

환경

현재 있는 곳을 뜻한다. 집이든 서점이든, 지금 이 책을 읽고 있는 곳, 그것이 바로 환경이다.

행동

말 그대로 무엇을 하느냐를 말한다. 당신은 지금 책을 보고 있다. 그게 바로 행동이다.

능력

어떻게, 어떤 방법으로 하는지, 어떤 능력을 지녔는지를 말한다.

환경과 행동, 능력은 모두가 일반적으로 고려할 수 있는 문제다. 하지만 이보다 더 높은 레벨은 생각하지 못한다.

신념

신념이란 당신이 행동할 수 있게 만드는 생각이며, 행위의 나침반이자 한 사람의 행동규범이다.

"왜 그렇게 하려 하나요?"라고 누군가에게 그의 행동에 대한 이유를 물었을 때 듣는 대답이 보통 그의 신념이다.

예를 들어 왜 공부를 하느냐고 물었다고 치자. "공부는 운명을 바꾸니까요", "공부는 자신의 수준을 높일 수 있으니까요", "공부는 인생을 풍족하게 만들어 주니까요."

이게 다 신념이다. 누군가에게 영향을 주고 싶다면 행동의 레벨에만 머물러 있으면 안 된다. 신념의 레벨에 들어가는 것이 가장 좋은 방법이다. 우리가 아는 위대한 철학자, 작가, 정치가들 모두 신념의 레벨에서 사람들에게 영향을 준 사람이다.

대기업도 마찬가지로 반드시 공통된 신념과 가치관이 있어야 하고 그래야 강력한 경쟁력을 가질 수 있다. 직원들의 전투력이 아주 강한 두 업종이 있다. 하나는 보험업이고 하나는 직판업(다이렉트 마케팅)이다. 왜 그럴까? 이 두 업종은 거의 매일 회의하고, 직원들을 교육하며 직원들의 신념 레벨에 영향을 주기 때문이다.

정체성

'나는 누구인가?' 이 질문에 대한 대답이 바로 당신의 정체성이다. 한 사람의 정체성은 수시로 변한다. 자식들 앞에서는 부모이고, 부모님 앞에서는 자식이며, 회사에서는 직원 아니면 사장인 것처럼 말이다. 이처럼 한 사람에게는 여러 정체성이 있다. 당신이 어느 한 정체성에 머무르면 그 정체성의 문제만 생각하게 된다. 정체성은 신념을 결정하고 신념은 행동을 결정한다. 누군가에게 영향을 주고 싶다면 정체성 레벨에서 그에게 틀을 세워 주는 게 그의 행동을 얽매는 것보다 더 수월하다. 예를 들어 자녀 교육에서 아이가 어렸을 때부터 자신의 목표를 세우도록 도와주면, 나중에 아이 본인이 바라는 목표를 세웠을 때, 자연스레 자신의 행동을 다스리게 된다. 그러면 행동 레벨에서 우리가 걱정할 필요가 없어진다.

회사 경영도 마찬가지다. 아는 사람 중 90년대생 창업자가 있는데 그의 기업은 매우 특이하다. 사무실도 없고 출근할 필요도 없이 모든 직원이 각자 집에서 일한다. 직원이 열 명 남짓한 이 기업의 연 이익은 거의 200억가량 된다. 그에게 직원들을 어떻게 관리하는 거냐고 물었더니 '회사의 모든 직원 하나하나가 다 사장이기 때문에, 애초에 관리할 필요가 없다'고 말했다.

영성

영성은 한 사람이 타인, 그리고 세상과 관계를 맺는 방식을 뜻한다. 이 레벨은 이해하기 좀 어려울 수 있다. 이야기 하나를 들려주겠다.

소녀 앨리스는 할아버지와 함께 해변의 작은 오두막에서 살고 있었다. 할아버지는 예술가로, 세계 곳곳을 돌아다녔고, 밤마다 앨리스에게 여행 중 있었던 재미있는 얘기들을 들려주었다. 앨리스는 그 이야기들을 들으며 바깥세상을 향한 동경을 키웠고 할아버지에게 앞으로 자신이 할 두 가지 일에 대해 말했다.

하나는 세계 각지를 여행하며 세상의 신기함과 아름다움을 보는 것이고, 다른 하나는 할아버지의 오두막으로 돌아와 행복하게 사는 것이었다. 얘기를 들은 할아버지는 앨리스에게 그녀가 해야 할 세 번째 일을 일러 주었다. 그것은 바로 이 세상을 더 아름답게 변화시키는 것이었다. 앨리스는 일단 알겠다고 대답했지만, 어떻게 해야 하는지는 알 수 없었다.

성인이 된 앨리스는 어린 시절 자신이 세운 계획을 따라 여러 곳을 여행하며 세상의 아름다움을 만끽했다. 그러고 난 뒤, 다시 해변의 오두막으로 돌아와 즐거운 생활을 보내기 시작했다. 하지만 할아버지가 하라고 한 세 번째 일을 어떻게 해야 할지 여전히 깨닫지 못한 그녀는 마음 한구석이 답답했다. 겨울이 지나 봄이 왔고 앨리스의 정원과 뒷산은 빨강, 분홍, 파랑의 루핀꽃으로 가득 찼다. 그것을 본 그녀는 속으로 한 가지 결정을 내렸다. 그해 여름, 그녀는 시장에 가서 루핀꽃 씨를 여러 봉지 사서 매일 동네를 산책하며 씨앗을 마을 구석구석에 뿌렸다. 이듬해 봄, 온 마을에는 아름다운 루핀꽃이 피었다. 해가 거듭될수록 루핀꽃은 마을을 가득 채웠고 마을은 마치 형형색색의 외투를 걸친 것처럼 아름다워졌으며 사람들의 웃음소리는 꽃을 타고 울려 퍼졌다. 그녀는 그때부터 마을 사람들에게 '루핀 부인'이라 불렸다.

여러분은 이미 이 이야기를 통해 '영성'레벨이 무엇인지 깨달았을 것이다. 영성 레벨은 누군가를 위해 무언가를 함으로써 세상과 연결 되는 방법이다. 평생을 사회를 위해 헌신한 테레사 수녀처럼 말이다. 예전의 나는 이를 이해하지 못했고 최근에서야 마음속에 많은 사람을 채울수록 마음이 커지고, 인생도 넓어지며 에너지도 더욱 커진다는 것을 깨달았다.

우리가 아는 성공한 기업가, 정치자, 종교 지도자들은 대부분 영성 레벨에 통달한 사람들이다. 다음 그림이 바로 여섯 개의 의식 레

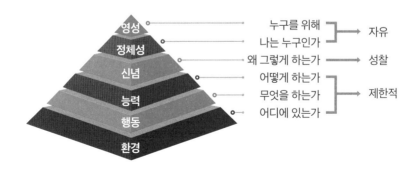

[그림 2-6]

벨이다.

또 다른 이야기가 있다. 존과 해리라는 두 청년이 있었다. 둘은 동시에 한 채소 전문 무역회사에 취직했다. 취직한 지 반년이 지난 후, 존은 팀장으로 승진했으나 해리는 그렇지 못했다. 이에 기분이 상한 해리는 사장에게 가서 말했다.

"저와 존은 같이 입사해서 매일 똑같이 성실하게 일했는데 어째서 존만 승진시키신 거죠?" 그러자 사장이 말했다.

"이렇게 하지. 회사에서 지금 감자를 구매하려고 하는데, 나가서 감자 파는 곳을 알아봐 주게. 돌아오면 대답해 주겠네."

30분 후 해리는 재빨리 돌아와 보고했다.

"20킬로미터 정도 떨어진 시장에 감자 파는 곳이 있습니다."

사장은 그에게 물었다.

"총 몇 군데에서 팔지?" 해리는 머리를 긁적이며 말했다.

"어디서 파는지만 보고 몇 군데인지는 신경 쓰지 못했습니다. 조금만 기다려 주시면 빨리 다녀오겠습니다!"

말을 마치고 그는 서둘러 뛰어나갔다. 20분 뒤, 회사로 돌아온 해리는 숨을 헐떡이며 보고했다.

"총 세 곳의 가게에서 감자를 팔고 있습니다."

사장은 또 그에게 물었다.

"감자의 가격이 어떻게 되나? 세 군데 다 똑같나?" 해리는 잠시 얼어붙었다가 또 머리를 긁적이며 말했다.

"잠시 기다려 주시면 다시 가서 물어보겠습니다."

사장은 말을 마치고 다시 뛰어나가려는 해리를 불러 세우고 말했다.

"그럴 필요 없네. 가서 존을 불러와 주게."

3분 뒤 존이 들어왔고, 사장은 존에게 해리에게 준 임무를 똑같이 주었다. 존은 40분 뒤 돌아와서 보고했다.

"20킬로미터 정도 떨어진 곳에 있는 농산물 도매센터에 감자를 파는 가게가 세 곳 있습니다. 그중 두 가게는 킬로그램당 90센트에 팔고 있고, 세 번째 가게만 킬로그램당 80센트에 팔고 있습니다."

그는 잠시 멈추었다가 계속해서 말했다.

"세 군데의 감자를 다 한 번씩 살펴보니 그중 세 번째 가게의 감자 품질이 가장 좋았습니다. 가격이 제일 쌌음에도 불구하고요. 대량 주문 시에는 할인도 해 준다고 했고, 게다가 트럭도 있어서 무료로 배송까지 해 준다고 했습니다."

존은 잠시 멈추었다가 또 이야기를 이어 갔다.

"사장님께 품질을 직접 보여드리기 위해 감자 샘플을 가져왔고 그 가게 주인도 사장님을 뵙기 위해 회사 로비에서 기다리고 있습니다. 자세히 얘기를 나누길 원하시면 바로 들어오라고 하겠습니다."

당신이 사장이라면 둘 중 누구를 승진시키겠는가? 이유는 무엇인가?

의식 레벨의 틀을 통해 비교해 보면 금방 답을 알 수 있다. 해리는 계속해서 '행동' 레벨에 머물러 있다. 그저 사장이 시키는 것만 할 뿐이고, 사장이 말하지 않은 일을 주도적으로 할 줄 모른다. 반면에 존의 틀은 위 4~6레벨이다. 사장이 감자 파는 곳을 찾아오라고 시켰을 때, 그는 다음과 같은 생각을 했다.

'사장이 나에게 이 일을 시킨 이유는 무엇일까?'(신념)

'내가 사장이라면 어떤 정보를 얻고 싶었을까?'(정체성)

'사장을 위해 나는 무엇을 할 수 있을까?'(영성)

이번에는 생활 중에서 자주 나타나는 현상을 살펴보자.

"올해 경기가 나빠서 사업이 어려워."

어떤 사람이 이렇게 말했다고 치자. 그는 어떤 틀 속에 있는 것일까? 그렇다. 그는 환경의 틀에 있다. 당신이 그의 사장이나 코치라면 어떻게 그를 도울 수 있을까? 아인슈타인의 원리에 따르면, 같은 레벨에서 문제를 해결하기는 어렵다. 그래서 우리는 그가 더 높은 레벨에서 문제를 해결할 수 있게 도와줘야 한다. 더 높은 틀을 하나 세워서 그가 그 틀에서 문제를 바라볼 수 있게 해 주면 된다.

각각의 레벨에서 틀을 세워 보자.

"경제적으로 어려운 해에 사업을 잘 풀어나가기 위해서는 어떤 능

력을 키워야 할까요?"(능력)

"그런 생각이 사업을 풀어나가는 데에 도움이 될까요? 아니라면, 생각을 바꿔보는 것은 어떤가요?"(신념)

"이런 시기에 사업을 잘 풀어나가기 위해서는 어떤 사람이 되어야 할까요?"(정체성)

"어려움이 닥쳤을 때 후퇴하는 사람과 용기를 가지고 도전하는 사람 중 어떤 사람이 되고 싶나요?"(정체성)

"이런 상황에서 당신의 가족과 팀을 위해서는 어떤 일을 해야 할까요?"(영성)

이 외에도 여러 가지 답이 있다. 앞서 말한 예시들은 그저 빙산의 일각에 불과하다. 지혜로운 여러분이 더 훌륭한 질문을 만들어낼 수 있을 것이라 믿어 의심치 않는다.

많은 사람이 어려움을 겪는 이유는 사실 그들이 환경, 행동, 능력, 이 세 레벨 속에서 발버둥 치기 때문이다. 자신의 레벨을 조금 더 높여서 '내가 이렇게 하는 이유는 무엇인지, 나는 어떤 사람인지, 내가 누군가를 위해 무얼 할 수 있는지'를 고민하면, 많은 문제가 사실상 문제가 되지 않는다는 것을 알게 된다.

비가 오는 날에 비행기를 타 봤더라면 더욱 이해하기 쉽다. 비행기가 이륙하기 전에 창밖을 내다보면 안개와 먹구름으로 한 치 앞도 보이지 않지만, 이륙 후 뚫고 올라간 구름 위는 맑고 평화롭기 그지 없다. 사람이 더 높은 레벨로 가는 과정은 그의 영혼이 성장하는 과정이다. 마음이 풍족해야 더 높은 곳에 설 수 있고 진정한 자유를 얻을 수 있다.

장자는 이렇게 말했다.

"우물 안 개구리와 바다에서 일어나는 일을 말하지 말아라." 그가 아는 세계는 우물 안이 전부이기 때문이다. "여름철 벌레와 겨울철 얼음에 관해 이야기하지 말아라." 그의 세계는 시간의 제약을 받기 때문이다. "식견이 좁은 자와 도道에 관해 이야기하지 말아라." 그의 세계는 그가 배운 것이 전부이기 때문이다.

한 사람이 제한을 받는 것은 그에게 내재한 사고의 틀에 묶여있어서일 가능성이 크다. 틀을 활짝 열고, 그가 가보지 못한 틀을 세워서 새로운 틀로 생각하고 생활하게 하면 새로운 인생을 얻을 수 있다.

의식 레벨에, 앞서 말한 위치 감지법과 타임라인을 더하면 하나의 입체적인 3차원 공간으로 변한다. 그 속에는 총 54개의 틀이 존재한다.

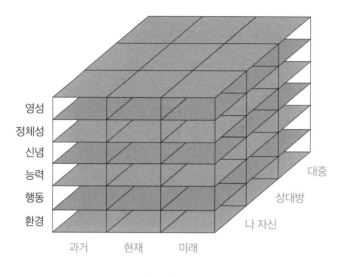

영성
정체성
신념
능력
행동
환경

대중
상대방
나 자신

과거　　현재　　미래

[그림 2-7]

　당신이 이 3차원 틀 세우기 기술을 열심히 연습하다 보면, 언젠가는 이 54개의 틀을 자유자재로 조합하여 사용하게 된다.

129

내부로부터 깨뜨리는 힘의 위력은 어마어마하다.
인생에서 내면의 틀을 깨는 것은 비약적 성장을 의미하며
더 나은 삶을 위해 새롭게 태어남을 의미한다.

심리와 언어의 창으로
나를 가둔 틀을 부순다

3장

환경의 틀 바꾸기:
장소를 바꾸면 가치가 바뀐다

물속에 있는 물고기는 자신이 물에 둘러싸여 있다는 사실을 알지 못한다. 대부분의 사람도 마찬가지다. 틀 안에 살면서 틀의 존재를 전혀 인지하지 못한다. 틀을 볼 수 있다면 틀을 선택할 수 있다. 그렇다면 이제 틀 바꾸기에 대해 함께 배워보자. 우선 가정에서 쉽게 볼 수 있는 장면을 같이 살펴보자.

아빠는 컴퓨터 앞에서 서류를 작성하고 있고, 아이는 그 옆에서 큰 소리로 책을 읽고 있었다. 아이의 큰 목소리는 아빠를 짜증 나게 했고, 인내심이 바닥난 아빠는 아이에게 버럭 화를 냈다. 억울했던 아이는 엄마에게 달려가 상황을 말했고 이에 화가 난 엄마는 남편에게 달려가 언성을 높였다.

"애가 책을 읽는 게 얼마나 좋은 일인데, 왜 애를 혼내고 그래요!" 화목했던 가정은 순식간에 전쟁터가 되어버리고 말았다. 도대체 누가 잘못한 걸까? 각자의 행동을 두고 봤을 땐, 누구도 잘못하지 않았다. 아이가 소리 내어 책을 읽는 것은 매우 기특한 행동이다. 그저 아빠가 서류를 작성하고 있는 환경에서는 약간 타당하지 않았을 뿐이다.

모두가 아는 예시를 한번 보자. 신발을 고쳐 신는 게 잘못된 행동인가? 아니다. 하지만 남의 오이밭에서 신발을 고쳐 신는 행동은 다른 이의 오해를 살 만하다. 이 두 예시로 미루어 봤을 때, 우리는 행동 자체에는 의미가 없고, 행동과 환경 범위가 합쳐졌을 때 의미가 있다는 것을 알 수 있다.

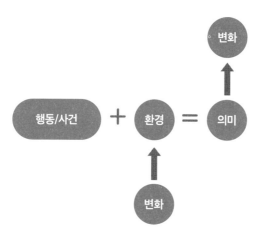

[그림 3-1]

환경이 변하면, 의미도 변한다. 환경의 변화를 통해 의미를 바꾸는 방법을 '환경의 틀 바꾸기'라고 부른다. 환경의 틀 바꾸기는 환경 재설정, 시간 재설정, 입장 재설정, 인과 재설정, 이 네 가지로 나눌 수 있다.

1. 환경 재설정

에비앙 330ml 생수 한 병은 인터넷에서 700원 안팎으로 살 수 있지만, 5성급 호텔에서는 2000원이 넘는 가격에 사야 한다. 그렇다면 사막에서 목이 말라 죽어가는 사람에게 물을 판다면 어떨까? 이 물 한 병의 가치는 값으로 매길 수 없을 정도다. 그렇다면 현지인 프랑스 에비앙에서는 어떨까? 그냥 우리나라 삼다수 가격과 같을 것이다. 같은 종류의 물인데 이렇게 가격 차이가 나는 이유는 뭘까? 환경이 변했기 때문이다. 이것이 바로 환경 재설정이다. 환경을 재설정하고 나면 많은 일이 신기한 변화를 일으키곤 한다.

겁이 많은 사람이 전쟁터에 나가면 제대로 싸우지도 못하고 도망가 버리곤 하지만, 현실 생활에서 위험에 처하면 자신을 더 보호할 줄 아는 사람이 된다. 겁이 많은 게 오히려 강점이 되는 것이다.

게으른 사람은 평소 가만히 앉아 아무것도 하지 않으려 한다. 이런 사람에게 가만히 앉아서 문을 지키는 일을 하라고 하면 어떻게 될까? 분명 잘 해낼 것이다. 가만히 있는 게 그가 제일 잘하는 일이기 때문이다.

많은 사람은 좌절을 겪을 때 자신의 능력을 의심한다. 하지만 대부분 우리가 실패를 맛보는 것은 능력이 부족해서가 아니라 잘못된 위치에 서 있기 때문일 수 있다. 환경을 재설정하면 사람의 가치를 재평가할 수 있고, 더욱 자신 있게 도전할 수 있게 된다.

이 이치를 깨달았다면, 다음에 누군가의 이해할 수 없는 행동을 보았을 때, 그의 행동과 환경, 이 두 가지를 분리해 보자. 환경을 바꾸면 상대방의 행동을 이해하고, 더 나아가 좋아하게 될 수 있다. 앞에 들었던 예시 속 아빠가 되어 보자. 아이가 큰 소리로 책을 읽는 것이 거슬린 것은 당신에게 조용한 환경이 필요했기 때문이다. 따라서 아이에게 이렇게 말할 수 있다.

"열심히 책을 읽는 것은 아주 좋은 행동이야. 하지만 지금 아빠는 서류를 작성하기 위한 조용한 환경이 필요하단다. 혹시 다른 방에 가서 읽을 수 있을까?"

아니면 본인이 직접 다른 방에 감으로써 스스로 환경을 바꾸는 방법도 있다. 그러면 문제는 더이상 존재하지 않는다.

2. 시간 재설정

누구나 과거에 한 번쯤 큰 어려움을 겪은 적이 있을 것이다. 그때의 본인은 그 어려움을 해결할 방법이 없다고 생각하고 심지어는 죽음을 생각했을 수도 있다. 하지만 지금 그때를 돌이켜 보면 마치 아무 일도 아닌 것처럼 느껴질 것이다. 마찬가지로 지금 우리가 겪는 어려움은 현재의 입장에서 바라보기 때문에 어렵다. 미래의 시점에서 본다면 어떻게 다를까? 별일 아닌 것처럼 느껴지리라 생각한다. 이게 바로 시간 재설정의 매력이다. 시간을 재설정하는 것은 말 그대로 시간의 틀을 바꿔서 문제를 바라보는 것이다. 이 기본 원리는 '타임라인' 틀 세우기에서 이미 얘기한 바 있다.

한 사람이 어려움을 마주했을 때, 우리는 다음과 같이 미래의 틀로 바꿔서 그에게 물어볼 수 있다.

"10년 뒤 당신은 이 사건을 어떻게 생각할 것 같나요?"

한 사람의 목표가 확고하지 않을 때, 우리는 다음과 같이 그를 과거로 데리고 갈 수 있다.

"어릴 적 꿈을 아직 기억하나요? 오늘날 당신의 삶은 당시 당신이 바랐던 삶과 같나요?"

목표가 없는 현재, 어릴 적 꾸었던 꿈을 돌아보면 에너지와 동력을 얻을 수 있다. 나는 같이 일하는 상담 선생님들에게 이런 말을 종종 한다.

"오늘 만난 어려움이 미래엔 예시가 됩니다. 나중에 수업 시간에 어떻게 이 경험을 나눌지 생각합시다!"

여기서 쓴 방법이 바로 시간 재설정이다. 사람들의 관점을 미래로 이끌어서 미래의 성공한 관점에서 현재를 바라보게 한다. 그러면 상대방이 현재의 한계를 넘어서는 데 큰 도움이 된다. 이런 말이 있다.

"과거는 이미 완성된 현재이고, 미래는 현재의 연속이다."

즉, 과거를 돌아보고, 미래를 전망하면 우리는 더 나은 현재를 살 수 있다.

3. 입장 재설정

입장 재설정이란 위치를 바꿔서 상대방이나 자신이 새로운 위치에서 새로운 느낌과 생각을 하게 하는 방법이다. 이는 앞서 다룬 '위치 감지법' 틀 세우기 방법과 원리가 같은데, 어떻게 적용해야 하는지 살펴보자.

이런 이야기를 들은 적이 있다. 하루는 토끼가 강가에 낚시를 하러 갔는데 아무런 소득이 없었다. 이튿날 또 낚시하러 간 토끼는 똑같이 허탕만 치고 돌아왔다. 셋째 날에도 어김없이 낚시를 하러 강가에 도착한 토끼에게 물고기 한 마리가 튀어나와 이렇게 외쳤다.

"토끼야, 백날 당근을 미끼 삼아 유혹해 봐라, 누가 낚이나!"

그동안 토끼가 아무것도 낚지 못한 이유는 뭘까? 알고 보니 토끼는 당근이 세상에서 가장 맛있는 음식인 줄 알고 물고기도 당근의 유혹에 넘어갈 것이라고 생각한 것이다. 그는 오직 자신의 관점에서만 생각하고 남의 입장에서 생각하지 않았다. 나도 이와 같은 실수를 한 경험이 있다.

4년 전, 호주에 있는 친구가 내가 한 번도 호주에 가보지 않았다는 사실을 듣고 나에게 놀러 오라는 제안을 여러 차례 했다. 8월에 그는 나에게 스키를 타러 가자고 했고, 12월에는 수영하러 가자고 했다. 당시 나는 속으로 '이게 무슨 엉뚱한 소리야?'라고 생각했는데, 그곳에 갔을 때 비로소 내가 얼마나 멍청했는지 알 수 있었다. 남반구인 호주는 북반구인 우리나라와 계절이 정반대인 것을 나는 생각조차 하지 않았었다. 그렇다, 그 친구와 나의 입장은 애초에 달랐던 것이다.

"집안일은 남자가 해야 할까요? 여자가 해야 할까요?" 이 질문에 "남자"라고 대답하는 사람은 대부분 여성일 것이고, "여자"라 대답하는 사람은 대부분 남성일 것이다. 입장이 다르면 대답 또한 다를 수밖에 없다. 이 점을 깨달았다면, 이후에 누군가와 갈등이 생겼을 때, 스스로 관점을 바꾸어 상대방의 입장에서 생각해 보거나, 상대방에게 입장을 바꿔서 생각해 보기를 요청해 보자.

"당신이 나라면, 이 문제를 어떻게 해결할 것인가요?"

나는 이 방법을 직장에서 종종 써먹곤 한다. 예전에 눈썰미가 굉장히 좋은 동료 한 명이 있었는데, 다른 동료들은 그를 많이 두려워했다. 그가 항상 다른 사람의 허점을 잡아내서 공격했기 때문이다. 사장인 나도 피해갈 수 없는 건 마찬가지였다. 시간이 좀 흘러 입장 재설정 방법을 터득한 나는 그가 내 허점을 공격할 때마다 그에게 다음과 같이 물었다.

"그럼 당신이 봤을 때, 이건 어떻게 조정하는 게 좋겠어요?"

이렇게 입장만 바꿨을 뿐인데, 그는 더이상 나의 적이 아닌 나의 조력자이자 멘토가 되었다.

4. 인과 재설정

심리학 연구 결과, 어려움에 부딪힌 사람은 보통 어려움을 정면 돌파하기보다 외부에서 공격할 대상을 찾아 책임을 전가한다는 사실이 발견됐다. 그러면 자기 혼자서 어려움에 맞설 필요가 없기 때문이다. 그리고 그 대상에게 하는 행동이 바로 질책이다.

책임을 회피하는 것은 한 사람의 천성이기도 하지만 후천적 교육 때문이기도 하다.

주변에서 다음과 같은 광경을 흔히 볼 수 있다. 어린아이가 길을 가다가 돌에 걸려 넘어져서 울음을 터뜨렸을 때, 옆에 있던 부모가 아이를 달랜답시고 그 돌을 향해 욕을 한다.

"이런 나쁜 돌덩어리, 쓸모없는 돌덩어리! 감히 우리 아이를 넘어지게 해!"

심지어는 그 돌을 때리기까지도 한다. 그러면 아이는 울음을 그치고 웃음을 터뜨린다. 이런 식의 교육을 받으며 자란 아이는 성장하기 힘들다.

미국의 유명한 가족치료사인 버지니아 사티어^{Virginia Satir}는 '사람은 총 세 번의 출생을 경험한다'고 말했다.

첫 번째는 정자와 난자가 수정되어 생명이 만들어지는 것, 두 번째는 태아가 자궁에서 나오는 것이다. 앞의 두 가지는 전통적 의미에서의 출생이다. 세 번째는 자기 스스로 자신의 인생을 책임지는 것이다. 앞선 두 번의 출생만 봤을 때 사람과 동물은 다르지 않다. 세 번째 출생을 겪고 자신이 결정한 일에 스스로 책임을 지는 그 순간부터 비로소 진정한 사람으로 불릴 수 있다.

어떤 사람들은 평생 인간으로서의 삶을 누리지 못한다. 그들은 책임을 회피하고 동물의 본능을 따르며 자신의 행동을 스스로 통제할 줄 모른다.

'인과 재설정'은 한 사람을 책임자의 위치에 데려다 놓고 자신의 행동을 책임지게 하여 그가 세 번째 출생을 해내도록 도와주는 것을 말한다. 다음 몇 가지 말들을 살펴보자.

"경제가 어려워서 사업하기 어렵다."
"차가 막혀서 지각했다."
"거래처가 까다로워서 협상에 실패했다."

익숙한 말들이지 않은가? 이런 말을 하는 사람들은 사티어의 관점에서 봤을 때 모두 아직 미숙한 아이와 같다. 그들은 자신의 인생을 스스로 책임지려 하지 않기 때문이다. 그렇다면 어떻게 그들을 도와줄 수 있을까?

이들이 하는 말들을 자세히 들여다보면, 그 속에는 얼핏 보기엔 타당한 인과관계가 숨어 있는 것을 발견할 수 있다. 결과에 원인이 있는 것은 너무나 당연한 논리적 관계이기 때문에 그들은 자신의 책임을 모두 남에게 떠넘길 수 있다. 그러나 그 원인 앞에는 또 하나의 원인이 있다.

'경제가 좋지 않아서 사업을 하기 어렵다', 이 앞에는 자신의 능력이 부족해서라는 원인이 있다. '차가 막혀서 지각했다', 이 앞에는 자신이 늦게 출발해서 혹은 차가 막히는 시간을 계산하지 않았다는 원인이 있다. '거래처와의 거래 불발', 이 앞에는 본인의 노력이 부족해서 거래처의 요구사항을 들어주지 못했고 그 마음을 움직이지 못했다는 원인이 있다. '모든 원인의 원인은 나 자신이다', 이런 생각을 가지고 사건을 대하면 자신의 인생을 책임질 수 있다.

우리가 탓하는 원인 앞에 또 다른 원인이 있다는 것을 의식할 수 있다면 생명의 주도권을 돌려받을 수 있다. 이게 바로 '인과 재설정' 틀 바꾸기다.

나중에 누군가 당신에게 "경제가 어려워서 사업이 잘 안 돼."라고 말하면 어떻게 인과를 재설정할 수 있을까? 그에게 이렇게 질문할 수 있다.

"이런 어려운 경제 상황에서 사업을 잘 풀어나가는 사람은 어떤 사람일까요?" 아니면 이렇게 물어볼 수도 있겠다.

"어떻게 해야 이런 어려운 경제 상황에서도 사업을 잘 풀어 갈 수 있을까요?"

한마디로 상대방의 초점을 자기 자신에게 돌려서 외부 환경은 통제할 수 없지만 자기 자신은 다스릴 수 있다는 것을 깨닫게 할 수 있다. 그러면 막막했던 상황은 막다른 길에서 벗어날 수 있다. 오히려 많은 기회가 눈 앞에 펼쳐지기도 한다.

그 외의 다른 예시들도 이렇게 대응할 수 있다.

"차가 막히는 상황에서 어떻게 해야 지각을 안 할 수 있을까요?"

"어떤 능력을 키워야 까다로운 고객들도 설득할 수 있을까요?"

이 예시들에는 모두 한 가지 요점이 있다. 바로 당사자를 원인보다 앞에 놓아서 그가 자신의 인생을 책임지고 이끌어 가는 사람이 되게 만드는 것이다.

'세상 사람은 결과를 중시하고 보살은 원인을 중시한다'는 말이 있다. 결과를 중시하는 것은 일종의 피해자 마인드이다. 원인을 중시하고 진정한 원인이 무엇인지를 생각해야 주도권을 잡을 수 있다. 인과 재설정은 한 사람을 자기 주도적인 사람으로 만들어 준다.

이게 바로 환경의 틀 바꾸기다. 이는 우리가 하나의 틀에만 매여 있지 않고 여러 틀에서 사건의 가치를 따져 볼 수 있게 도와준다.

의미의 틀 바꾸기:
자신을 더 사랑하는 법

한때 나는 즉흥 연기 학원에 다닌 적이 있다. 수업 중에 흥미로운 게임을 했는데, 게임의 규칙은 상대방이 무슨 말을 하든 "예스Yes"라고 말하는 것이다. "노No"는 절대 안 된다. 예능에서 가끔 하던 '당연하지' 게임과 비슷하다. 다만 한 가지 추가된 규칙이 있다. "예스" 뒤에 한마디를 덧붙여서 상대방의 말에 합리적으로 대답해야 한다. 예를 들어보자.

상대 너 진짜 똥 같다.
나 예스, 나는 모든 것의 거름이 되는 존재야.
상대 너 정말 개 같다.
나 예스, 나는 개처럼 충성심이 높은 사람이지.

상대 너는 진짜 바퀴벌레 같아.

나 예스, 나는 바퀴벌레처럼 생명력이 강해서 어디서든 살아남을 수
있어.

자, 이 대화 속에서 발견한 것이 있는가? 하나의 사물에는 반드시
여러 가지 서로 다른 의미들이 존재한다. 남들이 우리를 각종 나쁜
말로 욕해도, 우리는 그것을 다른 의미로 전환할 수 있다. 그러면 상
대방의 언어 속 공격성은 연기처럼 사라져 버린다.

이번 시간에는 새로운 틀 바꾸기 방법인 의미의 틀 바꾸기에 대해
서 배워 보자.

'의미의 틀 바꾸기'란 한 사건의 의미에 새로운 정의를 내리는 것
을 말한다. 의미의 변화에 따라 우리가 받는 느낌과 행동도 바뀌고
따라서 결과도 바뀐다. 의미의 틀 바꾸기는 인생의 지혜를 깨닫게
도와준다.

1. 의미 재설정: 내 인생의 주인으로 거듭나기

셰익스피어의 명언 중에 이런 말이 있다.

"원래 좋고 나쁜 것은 다 생각하기 나름이다."

당신은 비가 오는 것을 어떻게 생각하는가? "비가 오는 날이면 나
의 마음은 먹먹해집니다."라고 말하는 사람도 있을 것이고, "비가 오
면 나는 너무 신나요!"라고 말하는 사람도 있을 것이다. 분명 똑같은

날씨인데, 느끼는 바는 왜 이렇게 정반대일까?

미국 인지심리학자 알버트 엘리스Albert Ellis의 'ABC 이론'에 따르면 똑같은 사안에 대해 사람마다 정서적, 행동적 반응이 다를 수 있다고 한다. 그리고 사건 자체가 반응을 일으킨 것이 아니라 사람마다 사건에 대한 견해가 달라 서로 다른 반응을 이끌어낸다는 것이다. 이 이론에서 견해는 '신념'이라고 불린다.

'ABC 이론'의 A^{Activating}는 선행사건이다. B^{Belief}는 개인이 선행사건을 겪고 난 후 생기는 신념 및 그 사건에 대한 관점과 해석 그리고 평가, 즉 이번 시간에 말하고 있는 '의미'를 뜻한다. C^{Consequence}는 특정 상황에서 개인의 감정과 행동의 결과를 뜻한다.

이처럼 우리가 그 사건에 대해 받은 느낌은 사건에 특별한 의미를 부여하고 행동에 영향을 준다. 같은 사건에 대해 사람들의 반응이 제각각인 이유도 ABC 이론으로 설명할 수 있다. 여기서 작용하는 것은 바로 B, 신념이다.

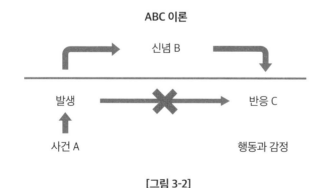

ABC 이론

신념 B

발생 　　　　반응 C

사건 A 　　　　행동과 감정

[그림 3-2]

신념은 사상에서 가장 중요한 요소이다. 이것은 한 사람의 행동 방향을 결정하고 서로 다른 행동은 각각 완전히 다른 결과를 초래한다. 이처럼 신념은 한 사람이 살아가는 형태를 간접적으로 결정한다. 생각하는 것만 바꿔도 인생은 천국에서 지옥으로 변한다.

고대 그리스의 사상가이자 철학자인 소크라테스는 날카롭게 질문하던 이미지와는 달리 집안에서는 완전히 다른 면모를 지녔었다고 한다. 소위 세계 4대 추남에 속한 그에게는 의외로 아주 아름다운, 그러나 괴팍한 성격의 아내가 있었다. 어느 날 소크라테스는 아내가 부탁한 것을 완전히 잊은 채 광장에서 사람들과 열띤 토론을 벌였다. 그러자 아내는 그에게 욕을 퍼붓고 옆에 있는 더러운 물을 떠서 그의 몸에 쏟아부었다. 당시 그 자리에 있던 사람들은 소크라테스가 크게 화를 내리라 생각했다. 하지만 그는 아무렇지도 않다는 듯 의연하게 옷에 묻은 물을 털고 씩 웃으며 이렇게 말했다.

"번개가 치고 천둥이 울리면 비가 오기 마련이지."

누군가 그에게 '왜 저런 아내와 결혼을 했냐'고 물었다. 그러자 소크라테스는 이렇게 대답했다.

"승마술에 능한 자는 거친 말을 자주 몰았기에 그 지경에 오른 것이다. 내가 아내와 잘 지낼 수 있다면 세상 모든 사람과 잘 지낼 수 있다."

그가 철학자가 될 수 있었던 이유를 이제 알겠는가? 그는 문제를 대할 때 자유자재로 틀을 바꿀 수 있었다. 그에게 사나운 아내는 세상에서 가장 좋은 수련 대상이었다. 어떤 상황에서도 생각을 바꿔서 세상을 바라보면 세상은 더 아름답게 보인다.

다른 사람의 비판과 질책을 받았을 때 당신은 어떤 반응을 보이는가? 화가 나는가? 그러면 당신은 현재 다른 사람에게 조종당하는 것일지도 모른다. 이런 인생은 능동적인가 피동적인가?

자기 인생의 주인이 되고 싶다면 의미의 틀을 바꾸는 법을 배워야 한다. 신체가 우리 생명의 하드웨어라면 신념은 소프트웨어이다. 사람은 매일 각종 정보를 접하고 뇌 속에 입력된다. 그리고 뇌 속 신념의 연산을 거쳐 하나의 행동을 출력하고 이 행동은 하나의 결과를 만들어 내며, 그 결과가 쌓여서 인생을 구성한다.

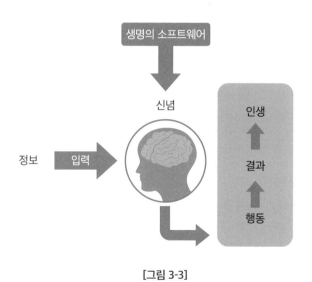

[그림 3-3]

우리의 인생은 외적 사건에 의해 결정되지 않으며 자신의 신념에 의해 결정된다. 대부분 그렇다. 의미의 틀 바꾸기는 신념을 바꾸고, 계속해서 새로운 신념을 만들어내게 하며, 이로 인해 우리의 인생은 점점 좋은 방향으로 나아간다.

여기까지 읽고 '의미의 틀 바꾸기'와 중국문학을 대표하는 루쉰魯迅이 말한 '아Q정신'과 비슷하다고 느낄지도 모르겠다. 이 둘의 차이를 한번 살펴보자.

아Q정신은 하나의 자기 위안 정신으로써 정신 승리를 통해 자신을 위로하거나 사건을 망각하는 방법이다. 루쉰 선생의 『아Q정전』에서 아Q가 가장 잘하는 것은 바로 가상 속에서 적을 이기는 것이다. 예를 들어 한번은 아Q가 건달에게 놀림을 받고 맞기까지 했는데, 아Q는 속으로 생각했다. '자식에게 맞은 셈 치자. 요즘 세상은 정말 개판이야….' 분명 건달에게 맞은 건데, 그는 '자식이 아버지를 때리는 것'이라고 생각했다. '아Q정신'은 사실상 일종의 신포도 식 자기 위안이자 실패자의 핑계이며 도피자의 마취제와 같다.

의미의 틀 바꾸기와 아Q정신에는 명백한 차이가 있다. 나의 스승인 장국위 박사는 의미의 틀 바꾸기에 'LOVER 원칙'이라는 이름을 붙였다. LOVER 원칙은 다섯 개의 영어단어 앞글자를 따서 만든 이름이다.

• **Learning(학습)**: 어떤 일이 성공하든 실패하든 간에 학습하는 마음가짐을 가지면 반드시 무언가를 배울 수 있다. 공부하는 자세를 유지하면 능력치는 자연스레 올라간다.

• **Outcomes(효과)**: 목표가 없는 배에게는 그 어떤 바람도 순풍이 될 수 없다. 인생의 방향을 확실히 설정하면 어떤 바람이든 돛을 조정해서 모두 이용할 수 있다. 그때는 모든 바람이 순풍이 된다.

• **Value(가치)**: 어떤 일이든 다 가치가 있고 모든 행동의 배후에는 반드시 긍정적인 동기가 있다. 길 위의 돌덩이가 걸림돌이 될지 징검다리가 될지는 그것을 놓는 위치와 그것을 사용하는 방법에 달려 있다. 뜻이 있는 곳에 능력이 따라온다. 마음속에 가치가 있다면 세상 모든 것에서 가치를 발견할 수 있다.

• **Ecology(전체적인 밸런스)**: 모든 일은 반드시 나와 상대방 그리고 모두가 전체적으로 조화로운 상태에 있어야 멀리 발전할 수 있다. 어느 한쪽의 이익이 고려되지 않은 상황이라면 반드시 대항과 공격 및 파괴를 초래한다. 자연은 모든 것을 균형 상태로 되돌리려는 힘이 있기 때문이다.

• **Responsibility(책임)**: 사람들은 항상 다른 사람들이나 환경에 책임을 돌리려 하며 평생을 수동적으로 살아간다. 주도적으로 자신의 인생을 책임지려는 사람만이 성숙함에 한 발짝 다가설 수 있다. 스스로 책임지기 시작한 사람은 인생의 주도권을 되찾게 되고 생활은 자연스레 점점 나아진다.

아Q는 자기 위안 정신으로 정신 승리를 한 뒤, 잠을 푹 잤다. 하지만 그것 외에 그의 인생에서 변한 것은 없었다. 발전하지 않았고, 다음에 같은 상황을 만났을 때, 그는 똑같이 얻어맞을 것이고 피해를 보는 위치에 처해 있을 것이다. 그는 여전히 자신의 인생을 책임질 수 없다.

의미의 틀 바꾸기는 이와 완전히 다르다. 우리는 사건 그 자체를 바꿀 수는 없지만 그 일을 바라보는 관점은 바꿀 수 있다. 따라서 더욱 적극적이고 능동적인 태도를 취할 수 있으며 그 속에서 배우고 자신에게 가치 있는 것을 찾을 수 있다. 또 스스로 책임지려 하고 전체적인 균형이 이루어진 상태에서 모든 것을 목표 실현에 필요한 자원으로 바꿀 수 있다.

의미의 틀 바꾸기 방법은 평생을 바다 위를 누빈 베테랑 선장과 같다. 일단 목표를 잡으면 바다의 풍향이 어떻게 바뀌든 돛을 조정해 사방에서 불어오는 바람을 목적지까지 가는 동력으로 바꾼다.

2. 정체성 재설정 Ⅰ : 나쁜 습관 뿌리 뽑기

지난 23년 동안 내가 심리학을 전파할 수 있었던 것은 수업 시간에 수많은 사람의 변화를 목격했기 때문이다. 이런 살아 있는 예시들은 나에게 무한한 동력이 되어 주었고, 내 삶에도 많은 영양을 공급해 주었다.

한번은 수강생이 200~300명가량 모인 강연이 있었다. 그 수업을 위해 많은 자원봉사자가 완장을 차고 문 앞에서 봉사했다. 그중 17살짜리 소녀 한 명이 내 눈길을 끌었다. '분명 학교에서 공부하고 있을 시간인데 왜 여기에 와서 봉사하고 있을까?'

쉬는 시간에 나는 그 소녀와 대화를 나눴고 그녀에게 그 이유를 물어보았다. 그녀는 이렇게 대답했다.

"저는 영국에서 유학하고 있는데, 방학을 맞아서 잠시 돌아왔어요. 선생님이 오신다는 소식을 듣고 자원봉사 하러 왔고요. 선생님은 제 생명의 은인이라고 할 수 있어요." 나는 깜짝 놀라서 물었다.

"우린 한 번도 만난 적 없는데, 왜 생명의 은인이라고 하는 거야?"

소녀는 진지한 표정으로 대답했다.

"부모님이 이혼해서 저는 엄마와 둘이서 생활했어요. 엄마는 저를 매우 엄하게 대했고 아주 작은 일에도 매를 드셨습니다. 그래서 저는 자주 가출했고 엄마와 3년 동안 대화도 하지 않았어요. 나중에 엄마가 광저우에 가서 선생님의 수업을 듣게 되었는데, 돌아와서는 집에 있는 몽둥이를 버리고 저를 대하는 태도를 완전히 바꿨어요. 그렇게 엄마와 저의 관계는 회복되었죠. 엄마가 변하지 않았다면 저는 이 세상에 존재하지 않았을 수도 있어요. 그래서 선생님은 제 생명의 은인이에요. 이번에 선생님이 여기에 오신다는 얘기를 듣고 도대체 어떤 수업이길래 엄마가 변했는지 궁금해서 찾아왔어요."

내가 하는 일이 수강생뿐만 아니라 그들의 자녀까지 변화시켰다니 나는 매우 감동했다. 나에게 무슨 초능력이 있어서도, 내 배움의 깊이가 심해처럼 깊어서도 아니다.

그렇게 될 수 있었던 것은 내가 몇 가지 언어의 기술을 터득했기 때문이다. 내가 터득할 수 있었듯, 여러분도 똑같이 터득할 수 있다. 이 책에 나오는 방법대로 연습한다면 당신 또한 나처럼 누군가를 돕는 사람이 될 수 있으리라 믿어 의심치 않는다.

어떤 언어의 기술이 이 소녀의 엄마를 변화시킬 수 있었을까? 이어서 여러분과 함께 나눌 내용이 바로 그에 대한 답인 '정체성 재설정하기'다. 앞서 나눈 소녀의 이야기에서 봤듯이, 부모의 말 한마디, 행동 하나는 아이들의 운명에 영향을 미친다. 먼저 몇 가지 간단한 예시들에서부터 시작해 보자. 일상생활에서 적지 않은 부모들이 자녀들에게 이렇게 말한다.

"지금 열심히 공부해야 나중에 좋은 직장에 들어갈 수 있어."

이 문장에 잘못된 것이 있는가? 별문제 없어 보이는가? 하지만 말을 살짝 바꿔보면 어떨까?

"지금 열심히 공부하면 나중에 많은 사람이 너로 인해 먹고살 수 있을 거야."

이 두 마디에는 무슨 차이가 있는가? 이미 이 속에 숨겨진 비밀을 발견했으리라 믿는다. 그것은 부모가 정한 아이의 정체성이 완전히 다르다는 것이다. 전자는 자식의 미래를 한 회사의 직원으로 가정했고, 후자는 리더, 기업가로 가정했다.

우리의 운명과 정체성은 하늘에 의해 결정되는 것이 아니다. 그렇다면 처음부터 나 자신이 내 운명과 정체성을 정하는가? 한 가지 외면할 수 없는 사실이 있다. 당신이 어떤 사람인지 혹은 장래에 어떤 사람이 되는지는, 처음에는 당신의 부모에 의해 은연중에 결정된다. 다시 말해, 정체성에 대한 자신의 개념은 가장 먼저 부모에게서 나온다. 만약 부모가 자식을 교육하는 과정에서 조금만 부주의하면 아이에게 좋지 않은 정체성을 주입하게 된다.

"나는 누구인가?"

이것은 하나의 철학 문제이자 정체성 인지에 관한 문제이다. 이문제에 대한 답은 당신이 어떤 인생을 살 것인지를 직접 결정한다. 이렇게 말하는 이유는 뭘까?

우선 우리 사회에서 성공한 사람들의 특징을 살펴보자. 그들이 일생을 운 좋게 살았을 거라고 생각하면 오산이다. 그들의 인생에도 똑같이 여러 좌절이 있었다. 그들은 좌절을 만났을 때 용감하게 맞서며, 자신감 있고 힘있게 한 번 또 한 번의 어려움을 이겨내어 결국 또 하나의 정상에 오른 것이다. 이것이 바로 그들과 실패자와의 차이점이다. 그럼 실패자는 어떨까? 인생의 중대한 좌절에 대해서는 말할 것도 없고, 다른 사람의 간단한 한두 마디 말에도 그들은 깊은 수렁에 빠진다. 그들의 마음은 마치 아주 얇은 유리로 만들어진 듯

약하고 깨지기 쉬우며, 잔잔한 파도에도 힘없이 휩쓸려 간다. 성공한 자와 실패한 자의 차이는 '좌절에 대처하는 능력'이 있느냐, 없느냐이다.

좌절에 대처하는 능력이란 무엇일까? 우선 '자신감'과 '자존감', 이 두 가지 심리학 용어부터 먼저 알아보자.

자신감은, 본인이 특정 상황을 성공적으로 대처할 능력이 있는지에 대한 자기 스스로의 평가이다. 이 정의에서 우리는 대다수 사람이 '자신감'에 대해 편파적인 이해를 하고 있다는 것을 알 수 있다. 우리는 항상 '특정 상황'이라는 꽤나 구체적인 범위를 소홀히 한다.

내 수업 시간에 꼭 이런 질문을 하는 학생이 있다.

"자신이 없는데 어떡하죠?"

이런 질문을 받았을 때 나는 항상 학생에게 되묻는다.

나 정말로 자신이 없나요?

학생 진짜 자신이 없어요!

나 자신 없다는 거에는 매우 자신 있는 것 같은데요?

이 부분에서 학생들은 보통 할 말을 잃는다. 그리고 나는 계속해서 질문한다.

나 밥 먹는 거는 자신 있어요?

학생 그건 물론이죠.

나 길을 걷는 거는요?

학생 자신 있어요.

나 그런데도 자신이 없다고 말한다고요? 특정 무언가를 할 때 자신

이 없다는 말이죠? 그럼 구체적으로 어떤 일을 할 때 자신이 없나

요?

학생 맞아요. 예를 들어 무대 위에 올라가서 말을 하는 거요.

위 대화에서 눈치챘겠지만, 자신감에는 '특정 상황'이라는 전제가
있으며 그 일을 완수하는 능력과 관련이 있다. 만약에 그 상황을 잘
대처할 능력을 지녔다면 자신 있게 그 일을 완수할 수 있다. 그 능력
이 부족하다면 당연히 자신감이 없을 수밖에 없다. 사람이 처음부터
모든 것을 다 잘할 수는 없다. 그래서 어떤 일을 할 때 자신이 없는
것은 충분히 이해할 수 있는 일이며 아주 정상적이다. 그러므로 다
시는 누군가에게 자신감을 강요하지 말자. 특히 자녀에게는 더욱더
말이다. 아이가 자신 없어 하는 것을 인정해야 한다. 혹자는 이렇게
말할 수도 있겠다.

"어떤 사람들은 무슨 일을 하든 항상 겁을 먹고 뒷걸음질 치는데,
이건 진짜 자신감이 부족한 것 아닌가요?"

맞다. 그렇게 이해하고 바라보는 게 일반적인 사람들의 생각이다.

하지만 정확하게 표현하자면, 그들은 자존감이 낮은 거다.

자존감은 무엇일까? 자존, 즉 자기존중은 자신의 사회적 역할에 대해 스스로 평가를 진행해 얻은 결과이다. 즉, 자신의 종합적 가치에 대한 스스로의 인정이다.

자신감과 자존감이 서로 무엇이 다른지 분별할 수 있겠는가?

자신감은 특정 상황을 자신이 잘 대처해 내리라는 믿음이고, 자존감은 자신의 종합적 가치에 대한 주관적 평가, 다시 말해 자기 자신에 대한 믿음이다. 어떤 일을 완수해 낼 수 있느냐 아니냐에 대해서는 믿음이 없어도 된다. 아직 그 일을 완수할 능력이 없을 뿐이기 때문이다. 하지만 자기 자신에 대한 믿음이 없어서는 안 된다. 사람은 살아 움직이는 존재이고 변화하는 존재이다. 오늘은 할 수 없더라도 배우고자 하는 마음이 있다면 다음날엔 해낼 수도 있다.

어떤 사건에 의해 자신에 대한 믿음이 흔들리지 않는 사람을 우리는 자존감이 높은 사람이라고 부른다. 자존감은 자아 가치에서 비롯된다. 자아 가치란 자신의 가치에 대한 스스로 내린 주관적인 평가이다. 좀 추상적이긴 하다. 하지만 이런 추상적이고 복잡한 것들을 단순화하고 실용성 있게 만드는 게 내 재능이다.

직관적으로 '자아 가치'의 의미를 이해할 수 있도록 내가 수업 시간에 학생들을 상대로 한 대화를 예로 들어보겠다.

나 학생의 스마트폰의 가치가 얼마나 되는지 알고 있나요?

학생 알죠. 당시에 저는 80만 원 정도 주고 구매했어요.

나 가격이 얼마인지의 문제만은 아니죠? 스마트폰이 선사해 준 편리함도 어마어마하죠?

학생 맞아요. 전화도 할 수 있고 영상통화도 되고, 메신저, 유튜브 등 여러 가지를 할 수 있어요.

나 한번 상상해 봅시다. 평생을 아마존 밀림 속에 살아온, 스마트폰 아니 핸드폰의 존재도 모르는 사람이 당신이 하루종일 핸드폰을 지니고 사는 것을 보면 당신을 이렇게 비웃을지도 모르겠습니다. '하루 종일 그 작은 것을 들고 뭐 하는 거야~ 진짜 바보 같다' 이때, 당신은 기분이 나빠지나요?

학생 아니요. 그렇지는 않을 거 같아요.

나 왜죠?

학생 그 사람이랑 저는 애초에 사는 세계가 다르고, 그는 핸드폰의 가치를 알지도 못하는 걸요.

나 당신은 왜 이렇게 덤덤할 수 있을까요? 그건 바로 핸드폰의 가치에 대해 200퍼센트 확신이 있기 때문입니다.

학생 맞습니다.

나 이번에는 당신이 골동품 애호가라고 가정해 봅시다. 어느 날 당신은 천만 원 정도를 지불해서 오래된 팔찌를 샀습니다. 듣기론 청나라 서태후가 찼던 것으로 그 실제 가치는 10억을 웃돈다고 합니다. 그런 귀한 물건을 단돈 천만 원에 얻었지만 당신의 마음은 뒤숭숭하죠. 왜일까요? 이유는 그게 진짜인지 가짜인지 모르기 때문입니다. 그 진위를 알아보기 위해 감정사에게 들고 간 당신은 팔찌를 요리조리 살피는 감정사를 보며 어떤 마음이 들 것 같은가요?

학생 매우 심란할 것 같습니다.

나 이유가 뭘까요? 그 물건에 대한 자신이 없기 때문입니다. 그래서 더욱 전문가의 말을 믿게 됩니다. 만약 진품이라고 하면 당신은 천국에 간 듯한 느낌일 겁니다. 반대로 가품이라면 순식간에 지옥으로 떨어진 느낌이겠지요. 다른 사람의 한마디가 이처럼 당신의 기분을 좌지우지할 수 있는 것은 당신이 이 골동품의 가치를 잘 알지 못하고 자신이 없기 때문이에요. 만약 당신이 이 골동품의 가치를 확실하게 잘 알고 있다면 전문가의 말을 신경 쓸까요?

학생 아니요.

나 같은 이치로, 만일 당신이 자신의 가치에 대한 확신이 없다면 당신은 타인의 평가에 연연하게 될 겁니다. 반대로 당신이 자신의 가치에 대해 매우 확신한다면 다른 사람이 당신을 비웃을 때 속으로 그를 비웃을 수 있습니다. '그래~ 아마존에 사는 네가 어떻게 나의 가치를 알 수 있겠니?'라고 말이죠.

사람의 가치도 물건의 가치와 같다. 자신의 가치에 대해 매우 확실한 믿음을 가지고 있고 정확히 알고 있다면 다른 사람의 평가에 신경 쓰지 않을 수 있다. 자신의 희로애락이 다른 사람에 의해 결정되는 일은 일어나지 않는다. 자기 인생의 주도권을 단단히 손에 쥐고 있기 때문이다. 이런 사람들은 비교적 높은 자아 가치를 가지고 있는 사람들이다.

반대로 비교적 낮은 자아 가치를 가진 사람은 다른 사람의 평가에 쉽게 휘둘린다. 그들의 감정은 타인 혹은 환경에 의해 조종되며 다른 사람의 작은 한마디, 행동 하나에도 자극을 받고 자신이 막대한 상처를 입었다고 생각한다. 그 까닭은 그들이 마치 가치가 불확실한 골동품처럼 자기 가치에 대한 확신이 없기 때문이다. 그들은 그저 외부 평가나 자신이 한 일의 가치로 자신을 평가한다. 그들은 자기 가치의 결정권을 손수 타인에게 돌려주고 동시에 자신의 인생 리모컨 역시 타인의 손에 넘겨서 그들이 자신의 인생을 조종하도록 만든다.

자아 가치가 우리 인생에 이렇게 큰 영향을 미치는 걸 알았다. 그렇다면 우리는 어떻게 자아 가치를 끌어올릴 수 있을까? 이 문제에 대한 답을 하기에 앞서 우선 자아 가치가 어디서부터 온 것인지를 살펴보자.

자아 가치의 성립은 일반적으로 어린 시절 부모의 교육 방식과 성장환경, 학교 교육 그리고 사회·문화적 영향 등 여러 가지 간섭을 받는다. 언급했듯이 자아 가치란 한 사람의 자기 가치에 대한 주관적 평가이다. 갓 태어난 아이의 자기 가치에 대한 평가는 주변의 중요한 사람들에 의해 내려질 수밖에 없다. 그중 부모는 가장 중요한 위치를 차지하고 있다. 그래서 부모의 교육 방식은 직접적으로 아이의 자아 가치에 영향을 주기 마련이다. 통상적으로 다음 세 가지 측면이 아이의 자아 가치에 큰 영향을 미친다.

첫째, 아이에 대한 부모의 사랑과 수용이 무조건적인가?

한 아이가 성장하는 과정에서 부모로부터 '내가 무엇을 하든 부모님은 날 사랑해'라는 느낌을 받는다면, 이 아이의 마음속에는 '나는 가치 있고 사랑받을 자격이 있는 사람이야'라는 신념이 생긴다. 이것은 자아 가치 형성의 초석이다.

둘째, 정서적으로 충분한 관심을 받고 있는가?

아직 언어를 배우지 못한 아이는 정서적 교감으로 상대방과 소통한다. 정서적으로 충분한 관심을 받지 못한 아이는 '나는 부족한 사람이야. 나는 관심 받을 가치가 없는 사람이야'라는 생각을 가지게 된다.

셋째, 아이가 한 일로 아이의 가치를 매기는가?

심리학을 공부하지 않은 대다수 부모가 다음과 같은 실수를 범한다. 바로 아이가 좋은 모습을 보였을 때 칭찬이나 물질적 보상을 해주는 행위이다. 이런 부모는 반대로 아이가 잘못을 저지르거나 좌절

할 때 아이를 윽박지르거나 한심하다는 듯한 태도를 보이기도 하는데, 이런 행위는 아이의 잠재의식에 '나의 가치는 내가 이룬 일로 매겨지는 거야, 내가 아무것도 하지 못하면 나는 아무런 가치가 없게 되는 거야'라는 정보를 심어 준다.

이제 앞에서 했던 얘기로 돌아가 보자. 수업을 들은 소녀의 엄마가 집에 돌아와 딸에 대한 교육 방식을 바꾼 이유는 뭘까? 아이가 반항하는 근본적 원인은 아이의 자존감이 낮아서라는 것을 깨달았기 때문이다. 낮은 자존감이 더욱더 자신을 증명해 보이고 싶게 만들었고 그래서 항상 엄마와 싸웠던 것이다. 이런 아이를 가르치기 위해 엄마는 더 강경한 방법을 택했고 아이가 말을 듣게 하려고 심지어 체벌까지 선택했다. 그 결과, 아이의 자존감은 바닥까지 떨어졌고 아이를 더욱 폭력적으로 만들었으며 가출할 상황까지 몰고 가는, 우리가 자주 목격하는 악순환에 빠지게 했다.

수업을 들은 엄마는 아이의 낮은 자존감은 자신 그리고 자기와 전남편의 관계가 만든 결과라는 걸 깨달았다. 남편과의 이혼으로 인해 그녀는 마음이 불안정했고, 그 때문에 그녀는 늘 아이에게 화풀이를 했다. 당시에는 그게 아이의 자존감을 떨어뜨린다는 것을 알지 못했다. 그녀는 이 점을 깨닫고, 집으로 돌아가 정체성을 재설정했다. 즉, 아이가 자기 자신에게 내린 평가를 재정립했다. 그랬더니 아이의 좋지 않은 습관들이 뿌리째 뽑혀 나갔다. 더이상 반항으로 자신의 가치를 증명할 필요가 없어졌기 때문이다.

3. 정체성 재설정 II : 자아 가치 끌어올리기

자기 인생의 주도권을 가질지 말지는 자신의 가치를 명확히 아느냐에 달려 있다. 그럼 구체적으로 어떻게 해야 할까? 상대방이 정체성을 재설정하고 자존감을 복구하게끔 도와줄 수 있는 방법은 무엇이 있을까?

자아 가치는 기본적으로 성장 과정에 있는 대상의 중요한 사람으로부터 나오는, 하나의 주관적인 느낌이다. 이 부분을 이해했다면 자아 가치를 높일 수 있는 길은 쉽게 터득할 수 있다. 아이에게 중요한 사람인 부모로서 아이에게 자주 해 줘야 할 다섯 가지 말이 있다. 이 말들은 아이의 자아 가치를 재정립하고 정체성을 재설정할 수 있는 아주 가치 있는 것들이다.

1. "나는 너에게 관심이 있단다."

사람들은 타인의 주목을 받기를 좋아한다. 관심을 받았을 때 비로소 자신의 존재를 느끼기 때문이다. 사람들이 인스타그램이나 페이스북에 게시물을 올리는 이유가 뭘까? 게시물에 있는 '좋아요' 수가 많을수록 기분이 좋아진다. 왜일까? 관심을 받았기 때문이다. 사람은 자신이 주목받는 사실을 느끼는 순간, 자신이 가치 있는 사람이라고 생각하기 마련이다. 물론, 뜬금없이 다른 사람에게 "나 너한테 관심 있어."라고 말하는 건 좀 이상하다. 말을 살짝 바꿔서 이렇게 말해 볼 수 있다.

> "얼마 전에 네가 SNS에 올린 유럽여행 사진 봤어! 진짜 너무 부럽더라!"
>
> "와, 오늘 헤어스타일 너무 예쁜데?"
>
> "오, 옷 새로 샀나 보네?"
>
> "요즘 점점 더 좋아 보이네, 무슨 일이 있는 거야?"

2. "너는 가치 있는 사람이란다."

모든 사람은 상대로부터 긍정적인 반응을 원한다. 자신이 가치가 있는 존재라고 느꼈을 때 비로소 살아 있음에 기쁨을 느낀다. 아이들은 특히 그렇다. 가족들이 자신의 좋은 행동들을 바로바로 칭찬해 주고 긍정적인 반응을 보이면 아이는 자신이 매우 가치 있는 사람이라고 느끼게 된다. 반대로 아이가 좋은 행동을 하든 말든 전혀 관심을 주지 않으면 아이는 자신이 아무런 가치가 없다고 생각한다.

3. "너는 유일무이한 존재야."

우리는 아이에게 이 세상에서 유일한 존재라는 점을 깨우쳐 줘야 한다. 전 세계 70억 인구 중에 너라는 사람은 하나이고, 너만의 장점이 있고 개성이 있으며, 뛰어난 두뇌와 빼어난 외모를 지니지는 않앉어도 여전히 이 세상 유일한 존재라는 것을 말이다.

4. "너는 도움이 되는 존재야."

요즘 많은 가정에서는 아이를 애지중지 키우며 아이에게 아무것도 시키지 않는 경우가 많다. 그런 가정에서 아이는 서서히 쓸모없는 존재가 되어 간다. 지혜로운 부모들은 아이가 어렸을 때부터 집 안에서 본인이 할 수 있는 일을 하게 하고 그런 아이의 모습을 바로바로 칭찬해 준다. 이렇게 자란 아이는 어렸을 때부터 대가를 치르는 법을 알게 되고 이는 아이의 가치감을 형성하는 데 매우 중요한 역할을 한다.

5. "너는 이 안에 속해 있고, 우리는 네가 필요해."

부품 하나가 빠진 비행기는 불안정하고 제대로 된 운항을 할수도 없다. 한 회사 조직에서 청소를 하는 미화원이든, 회사를 운영하는 CEO이든, 그 회사와 조직 안에서 각자 고유한 가치를 발휘하고 있다. 같은 논리로, 집안의 모든 구성원이 가정에 대해 소속감을 느끼게 하는 것은 매우 중요하다. 부모가 아이에게 주는 가장 큰 상처는 아이에게 이 집안에 불필요한 존재라고 느끼게 하는 것이다. 이러한 점은 남아선호사상을 가진 몇몇 가정에서 자란 여자아이들에게서 명확하게 드러난다. 이 여자아이들은 어렸을 때부터 자신이 불필요한 존재라고 느꼈기 때문에, 이들에게는 성장한 후 아주 긴 회복의 시간이 필요하다.

앞서 얘기한 다섯 가지 말을 자녀들에게 자주 해 준다면 아이들의 자존감을 높일 수 있다. 이는 확실한 방법이다. 아이를 자아 가치감과 자존감이 있는 사람으로 키우고 싶다면 이를 인쇄해서 집 한쪽에 붙여 놓고 매일 마음속에 새기자.

물론 자신에게 없는 물건을 남에게 주는 것은 불가능한 일이다. 부모 본인이 자존감이 낮은 사람이면 자존감이 높은 아이를 키워 낼 가능성이 작다. 앞서 말한 내용을 보며 자신의 자존감이 낮다는 사실을 알았다면 이제 어떻게 해야 할까?

전문 심리 상담사를 찾아가 자신의 마음을 치유하는 것이 가장 좋은 방법이다. 나는 늘 사람들에게 말한다. 마음에 병이 있는 것은 몸에 병이 있는 것과 마찬가지라고, 결코 부끄러워할 일도 숨겨야 할 일도 아니라고 말이다. 전문가를 찾아가서 상담을 받는 것은 몸이 아플 때 병원에 가는 것과 같으며 빠르게 건강을 회복할 수 있는 길이다. 심리 상담을 받으러 가기 전에 해 볼 만한 간단한 연습이 있다.

편안한 자리를 찾아 앉아서 눈은 가볍게 감고, 등은 의자 등받이에 기대 보자. 두 발은 바닥에 대고 두 손은 허벅지에 올려놓은 상태에서 깊게 숨을 들이마셨다가 천천히 내뱉어 보자. 다시 한번 숨을 깊게 들이마시고 천천히 내뱉자.

이 과정에서 머릿속에 자신의 어린 시절을 떠올려 보자. 어렸을 때 부모님이 어떻게 자신을 평가했는지 생각해 보자. 그들이 어떤 말을 했는지, 당신에게 상처 주는 말을 했는지, 아니면 격려와 사랑을 주었는지 되돌아보자. 그게 무엇이든 머릿속에서 다시 한번 곱씹은 후 숨을 한번 크게 들이마시며 부모가 해 주었던 좋은 평가를 몸속으로 흡수시키고, 숨을 내쉬며 부모가 했던 안 좋은 평가를 몸 밖으로 배출시키자. 그리고 마음속으로 부모님에게 이렇게 말하자.

"아빠 엄마, 두 분이 저에 대해 낮게 평가한 것은 그저 저에 대한 기대가 그만큼 더 높았기 때문이라는 것을 알고 있습니다."

그렇다. 이 세상에 자식의 일취월장을 바라지 않는 부모는 없다. 부모가 자식을 낮게 평가하는 것은 마음속으로는 자식이 좀 더 발전할 수 있다는 것을 믿기 때문이다. 이 점을 아는 것은 매우 중요하다. 이를 깨달으면 자신이 실제 부족해서가 아니라 더 발전할 가능성이 있음을 알 수 있기 때문이다. 이어서 또 해야 할 것이 있다. 그 시절 부모님이 자신에게 내린 안 좋은 평가를 묵묵히 그들에게 돌려주자. 그리고 마음속으로 이렇게 말해 보자.

'엄마 아빠, 저는 두 분이 말한 그런 사람이 아니에요. 저를 향한 두 분의 기대를 알았으니 이번엔 제가 저를 새롭게 평가해 볼게요'

그런 뒤 자신의 두 손으로 자신의 어깨를 안아 보자. 마치 아이 한 명을 품은 것처럼 스스로 자신의 부모가 되어 자기에게 이야기하자. "○○야, 네가 비록 완벽하지는 않지만, 나에게 너는 굉장히 특별한 존재란다. 나는 네가 갈수록 더욱 발전할 것을 알고 있어."

많은 부모가 심리학을 잘 몰라서, 무지해서, 뜻하지 않게, 무의식 중에 아이에게 상처를 준다. 그게 진심이 아니라도 말이다. 이미 성인이 된 우리는 어린 시절 부모가 해 주지 못한 것을 스스로에게 해 줄 수 있다. 우리는 스스로 자기 자신에게 긍정과 인정 그리고 격려를 해 줄 수 있다. 스스로도 자신을 인정하지 않는다면 세상 그 누가 인정해 주겠는가? 지금 당장 자신에게 새로운 평가를 해 보자.

마지막으로, 우리의 자존감은 스스로에게 내린 자기 가치의 평가라는 것을 잊지 말자. 또한 모든 평가는 주관적이기 때문에 통일된 기준이라는 것은 없다. 따라서 자신의 가치를 높게 평가해서 10점 만점에 10점이라고 생각하면 10점인 거고, 0점이라고 생각하면 0점인 거다.

신념이 자신의 세계를 결정 짓는다. 자신을 사랑하자. 지금 바로 자신에게 새로운 평가를 할 기회를 주자. 그리고 다른 사람을 변화시키고 싶다면, 내가 그가 자신에게 내린 평가를 바꿔 주면 된다.

틀 깨부수기:
틀에 갇힐수록 곤경에 처한다

　지난 시간에 우리는 무엇이 틀인지, 어떻게 틀을 세우는지 또 어떻게 틀을 바꾸는지에 대해 살펴보았다. 이번 시간에 함께 살펴볼 내용은 바로 틀을 깨부수는 방법이다. 왜 틀을 부숴야 할까?

　우리가 인생에서 여러 가지 곤란한 상황을 마주하는 것은 어떤 틀에 갇혀 있어서 그렇다. 그래서 우리는 이 틀을 깨부숴야 한다.

　'왜 나는 항상 돈이 부족할까?' 이는 많은 사람이 공통적으로 겪는 어려움이다. 이런 글이 있다.

　'고등학교 때는 돈이 충분하지만 잠이 부족하다. 대학교 때는 잠은 충분하지만 돈이 부족하다. 직장인은 돈도 부족하고 잠도 부족하다.'

　왜 돈은 날이 갈수록 부족해질까? 사람들은 돈이 부족할 때 자연스럽게 다음과 같은 결정을 한다. '절약'이다. 돈 주고 책을 사는 것을 아까워하고, 돈 내고 수업을 듣는 것은 물론, 심지어는 점심에 친구와 밥 한 끼 먹는 것도 아까워하며, 갖가지 핑계를 대고 혼자 집에서 라면을 끓여 먹는다. 이런 사람에게 발전이 있을까? 발전이 없는데 돈을 더 벌 수 있을까? 당연히 아니다. 절약할수록 돈은 줄어들고, 돈이 줄어들면 또 절약하게 된다. 인생은 그렇게 악순환에 빠지고 만다.

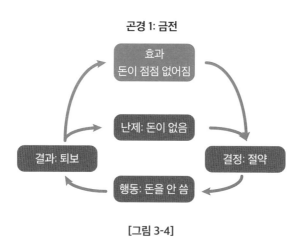

곤경 1: 금전

[그림 3-4]

그러면 부부관계의 문제는 또 어떨까? 부부간의 갈등이 있을 때 우리는 항상 상대방을 변화시키려 한다. 상대방을 변화시키기 위해서 그에게 요구하고, 요구하면 할수록 상대방의 마음속에는 반항심만 치솟는다. 결과적으로 갈등은 전혀 해결되지 않으며 오히려 더 악화된다.

'도대체 상대방은 왜 변하려 하지 않을까요?'

이런 생각 때문에 많은 부부의 결혼 생활이 곤경에 빠진다.

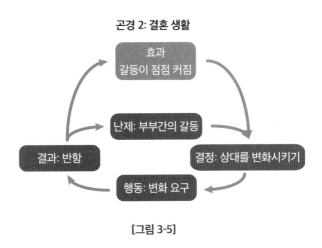

곤경 2: 결혼 생활

[그림 3-5]

부부관계 외에 자녀를 교육하는 문제에서는 여러 전문가도 어려움을 겪는다. 아이에게서 몇몇 말썽을 부리는 모습, 예를 들어 숙제는 안 하고 게임만 하며 게으름을 피운다는 둥, 친구와 싸운다는 둥 이런 모습들이 보일 때 많은 부모는 아이를 변화시키기 위해서 무의식적으로 통제하는 방법을 취한다. 용돈을 주지 않거나, 잔소리하거나, 심지어는 손찌검을 한다. 하지만 이런 통제가 불러온 결과는 뭘까? 탄압이 있는 곳에는 저항이 있는 법, 통제는 아이의 반항만 불러올 뿐이다. 아이들은 더 심하게 편향적인 행동을 할 것이며, 이에 따른 부모의 강한 통제는 부모와 자식 간의 갈등을 점점 더 고조시킨다.

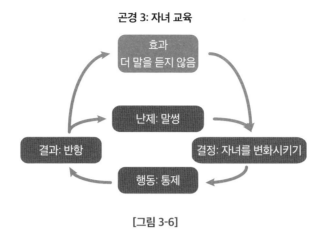

곤경 3: 자녀 교육

효과
더 말을 듣지 않음

난제: 말썽

결과: 반항

결정: 자녀를 변화시키기

행동: 통제

[그림 3-6]

위의 결과를 종합해보자. 돈을 아낄수록 돈이 적어지고, 상대방에게 요구하는 게 많아질수록 갈등이 커지고, 아이를 통제할수록 반항이 심해지는 3대 난관에 부딪힌다. 곤경에서 빠져나가기 위해 아무리 노력해도 원하는 효과를 얻지 못할 때가 많다. 곤경은 마치 소용돌이처럼 사람을 빨아들이고는 계속해서 회전한다. 그 속에 있는 사람은 너무나 미약해 보이고, 아무리 발버둥 쳐도 더 깊이 빨려 들어가기만 한다.

이런 곤경에 빠졌을 때 우리가 무엇을 할 수 있을까?

사방이 갇힌 철창 안에 있는 사람을 우리는 '죄수'라 부른다. 사면이 벽으로 둘러싸여 있는 틀 안에 있으면 고통스러울 것이 뻔하다. 틀 밖에 있는 사람은 자유롭다. 구속되지 않는 넓은 세상에 있으면 사람은 자연스레 기쁨을 느끼게 된다. 틀 깨부수기는 이 틀을 볼 수 있다는 전제하에 이루어진다. 앞서 모든 틀은 하나의 신념이고 생각이라고 얘기했다. 따라서 틀 깨부수기는 고유한 신념을 바꾸는 것이다. 그러면 이 속박에서 벗어날 수 있다.

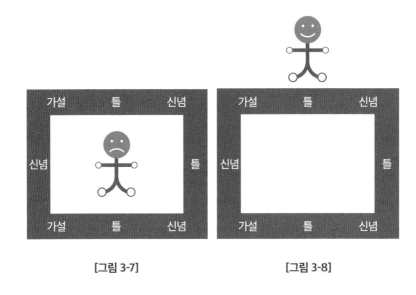

[그림 3-7]   [그림 3-8]

"신념은 새벽이 여전히 어두울 때 빛을 느끼는 새이다."

인도 시인 타고르Rabindranath Tagore는 말했다. 그저 정확한 신념을 가지고 문제를 바라본다면, 생각을 살짝만 바꿔 본다면, 큰 노력을 하지 않아도 효과를 볼 수 있다. 생각 전환의 힘을 보여 주는 예시들을 살펴보자.

첫 번째, 돈이 없으니까 돈을 아낀다. 이 속에는 숨겨진 신념이 있다. '돈은 아껴야 생긴다.' 이런 생각을 하는 우리는 돈을 아끼는 데에 온 힘을 쏟는다. 틀을 깨고 싶다면 이 숨겨진 신념에 도전장을 내

밀어야 한다.

돈은 정말 아껴야 생기는 것일까? 20만 원짜리 명품 신발과 5만 원짜리 싸구려 신발이 있다. 한 사람은 명품 신발을 사서 5년 동안 신었다. 다른 한 사람은 5만 원짜리 신발을 샀다. 보기에는 후자가 돈을 아낀 것 같았지만, 그 신발은 반년도 채 못 가 다 망가져 버렸고 그는 또 다른 신발을 사야만 했다.

어떤 사람은 돈을 아끼려 애를 쓰며 정말 필요한 의식주 외에는 단 한 푼도 쓰려 하지 않았다. 반면 어떤 사람은 의식주 외에 독서, 수업 수강에도 지출했고 운동을 하는데도 투자해 건강을 다져 나갔다. 10년이 지난 후 과연 두 사람 중 누가 더 많은 돈을 벌게 될까?

돈을 아끼기 위해 발전의 기회를 포기하면 할수록 돈을 벌 기회는 점점 더 줄어든다. 그리고 돈이 없을수록 돈을 더 아끼려 하게 되고, 돈을 아낄수록 돈을 벌 기회를 잃게 된다. 결국 많은 사람이 이 악순환에서 헤어 나오지 못한다. 그렇다면 이 지긋지긋한 악순환을 벗어날 방법은 무엇일까?

금융 거장 조지 소로스George Soros는 이렇게 말했다.

"돈을 버는 것은 거지도 할 수 있는 일이다. 하지만 돈을 쓰는 것은 10명의 철학자도 제대로 하지 못하는 일이다."

돈을 버는 것의 중점은 돈을 아끼는 데 있지 않고 돈을 어떻게 쓰는가에 있다. 자신의 능력을 업그레이드할 수 있는 곳에 어느 정도 돈을 쓸 줄 알아야 능력이 향상되었을 때 이를 이용하여 더 많은 돈을 벌 수 있다. 그러면 자연스레 경제적인 어려움의 틀을 깰 수 있고 선순환 궤도에 오를 수 있다. 돈을 절약한 결과는 더이상 아낄 것이 없어지는 것뿐이다. 애초에 돈은 아껴서 생기는 것이 아니라 자신의 능력으로 벌어서 생기는 것이다. 단순히 돈을 아끼는 행위는 시간이 갈수록 가난을 초래하고 궁핍한 생활로 인한 스트레스만 유발한다. 반대로 돈을 자신에게 투자하여 지식을 쌓고 훈련을 거치다 보면 날이 갈수록 능력 있는 사람이 될 수 있고 그 능력으로 무한한 가능성을 창조해 낼 수 있다.

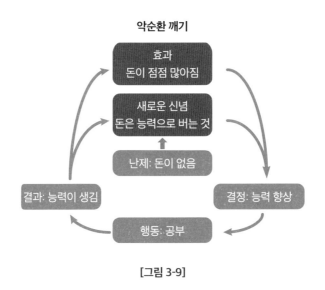

[그림 3-9]

두 번째, 결혼 생활에 문제가 있는 가정에는 다음과 같은 신념이 숨겨져 있다. '모든 문제의 책임은 상대방에게 있다.' 이런 마인드를 가진 사람에게는 이런 말을 해주고 싶다.

"사업의 성공은 얻기 쉽지만, 행복한 결혼 생활은 얻기 힘들다."

왜일까? 사업의 성공은 자신의 공로이고, 결혼 생활의 실패는 상대방의 책임이라고 생각하는 사람이 많기 때문이다.

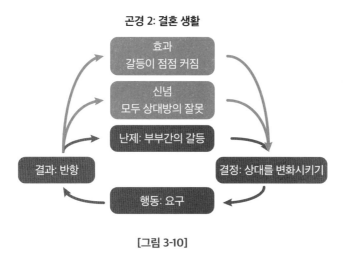

곤경 2: 결혼 생활

[그림 3-10]

정말 전부 상대방의 책임일까? 현대 심리학의 주요학파인 게슈탈트 심리학은 짧은 시로 결혼을 절묘하게 묘사했다.

우리, 함께 사랑의 파도에 뛰어들자!

하지만,

그대 먼저.

혼인 관계에서 우리는 늘 상대방이 먼저 양보하길 바란다. 그러다 마지막에는 아무도 걸음을 옮기지 않은 채 관계가 굳어 버리고 만다.

이솝 우화 「외나무다리 위의 염소 두 마리」를 보면, 염소 두 마리가 외나무다리 위에서 서로 양보하지 않고 먼저 건너기 위해 싸우다가 결국은 둘 다 다리 아래로 떨어져 죽고 만다. 우리는 이 이야기를 잘 알고 있음에도 불구하고 여전히 염소 두 마리와 같은 어려움에 봉착해 있다. 어떻게 이 상황을 깨부숴야 할까?

이 상황에서도 역시 신념을 바꿀 필요가 있다. 먼저 양보하는 사람이 지는 것이 결코 아니다. 먼저 양보하는 사람이 더 넓은 시야를 갖고 있는 것이며, 해결 방법이 있는 사람이 먼저 행동할 뿐이다. 백 번 생각해도 정말 상대방에게 잘못이 있다면 다른 방법을 쓰면 된다. 우선 상대를 인정받는 위치에 놓아 주어야 한다. 앞에서 말했듯이, 잘못을 지적받는 위치에 놓인 사람은 계속해서 엇나가고, 인정받는 위치에 놓인 사람은 더 좋게 바꾸려고 노력한다. 자신이 틀렸다는 것을 인정하고 싶어 하는 사람은 없다. 사람은 자신이 맞다는 것만을 인정하고 싶어 하며, 그걸 인정받았을 때 비로소 더 발전하고자 하는 마음을 품는다.

또 하나 우리가 알아야 하는 것이 있다. 부부관계의 변화는 나 자신의 변화에서부터 시작된다. 나 자신을 변화시킬 때 우리는 행동을 통해 끊임없이 자신의 능력을 향상시킬 것이고, 능력이 향상되면 부부간의 소통은 더욱 원활해질 것이며, 소통이 원활해지면 부부간의 사랑은 더욱 깊어진다. 이 과정에서 우리는 자연스레 다음과 같은 신념을 굳히게 된다.

"모든 어려움에는 다 해결 방법이 있다."

한번 이렇게 성공을 맛보면 더욱 적극적으로 자신을 변화시키려 할 것이다. 그리고 자신을 바꿔 가는 과정에서 우리의 인생은 점점 빛을 발하고 아름다워진다.

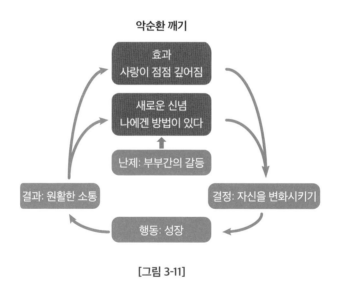

[그림 3-11]

세 번째, 부모와 자식 간의 사이가 엉망인 배후에는 어떤 신념이 숨어 있을까?

나는 지금껏 수많은 강연을 들어왔는데, 그중 성운대사의 강연이 가장 감동적이었다. 질의응답 시간에 한 가장이 일어나 성운대사에게 물었다.

"중학생인 제 아들은 현재 사춘기를 지나고 있는데, 너무 말썽을 많이 피우고 있습니다. 싸움박질하고, 공부도 안 하고, 학교도 가지 않으려고 합니다. 대사님 제가 어떻게 해야 할까요?"

성운대사는 이렇게 대답했다.

"선생님, 혹시 문서를 복사해 보신 적 있나요? 복사본에 문제가 있다는 것을 발견했을 때, 선생님은 복사본을 수정하시나요? 아니면 원본을 수정하시나요?"

무슨 뜻일까? 모든 아이는 다 부모의 복사본이고, 부모는 원본이라는 소리다. 부모는 아이의 불량한 행동을 지적하며 그가 변화하기를 바라지만, 가장 변해야 할 사람은 사실 본인이라는 것을 전혀 알지 못한다. 부모와 자식 간의 사이가 엉망인 배후에는 이런 신념이 숨겨져 있다.

'말을 잘 들어야 좋은 아이이고, 반항하는 아이는 좋은 아이가 아니다. 아이가 사랑스러울 때만 그를 사랑할 수 있다.'

이런 논리는 과연 합리적인가?

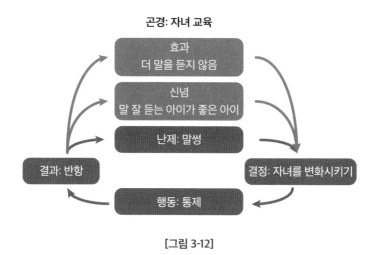

곤경: 자녀 교육

효과
더 말을 듣지 않음

신념
말 잘 듣는 아이가 좋은 아이

난제: 말썽

결과: 반항

결정: 자녀를 변화시키기

행동: 통제

[그림 3-12]

나와 같이 수업을 진행하는 린원차이 박사님은 심리 영양에 대해 말한 바 있다. '심리 영양'이란 무엇일까? 우리의 몸은 성장하기 위해 지방, 당, 단백질, 광물질 등등 영양을 흡수해야 한다. 같은 이치로 우리의 심리도 성장하기 위해서는 적절한 영양 보충이 필요하다. 신체는 성장한 데 비해 심리는 성장하지 못한 사람들은 점점 '자이언트 베이비'가 되어 간다. 심리가 성장하지 않은 것은 심리 영양이 부족했기 때문이다. 린원차이 박사님의 말에 따르면 심리 영양에는 사랑, 칭찬, 긍정, 인정 등이 있다.

한 사람이 성장 과정에서 이 영양들을 제대로 공급받지 못하면 그의 심리는 굶주리게 되고, 심리 영양에 굶주린 사람은 외적인 것으로 공허함을 채우려 한다. 목숨 걸고 외적인 것들에 집착하고 그것을 얼마큼 얻었든 만족하지 못한다. 그의 심리는 계속해서 굶주린 상태에 있을 것이고, 그는 점점 불량한 행동으로 부모의 관심을 얻으려 할 것이다.

미국 긍정 훈육 시스템의 창시자인 제인 넬슨Jane Nelsen은 이에 대해 저서 『긍정 훈육』에서 상세히 얘기한 바 있다. 그녀의 말에 따르면 어린아이가 자신의 가정 안에서 '소속감을 찾고', '자신의 중요성을 확인'하고 싶어 할 때, 부모가 그것을 만족시켜 주지 못하면 아이는 일탈 행위를 보인다고 한다. 이런 일탈 행위에는 통상 네 개의 단계가 있다.

첫 번째 단계: 관심을 끈다

"날 좀 봐 줘."

아이들의 이마에는 마치 이 네 글자가 쓰여 있듯이, 그들은 진심으로 자신들이 부모의 관심을 받기를 바란다. 어떤 아이들은 좋은 성적을 받으면 부모의 인정을 받을 수 있기에 필사적으로 공부한다. 또 어떤 아이들은 각종 장난과 소란을 피우는 행동, 예를 들어, 집 안의 물건을 부순다든지, 꾸물거린다든지, 아침에 늦게 일어나고 밤에는 잠을 자려 하지 않는다든지 등등 행동으로 부모의 관심을 얻으려한다. 이런 말썽을 피우는 행동 이외에 좀 더 이상한 방법으로 관심을 얻으려 하는 아이들도 있다. 실제로 있었던 일이다.

이야기의 주인공은 회사의 전직 동료로, 그녀는 여러 방면에서 뛰어난 능력을 보여주던 인재였다. 그런데 그녀는 꼭 3개월에 한 번씩 1주일 병가를 내야 할 정도로 크게 앓곤 했다.

"괜찮아요? 어디에 문제가 있는 거래요?" 돌아온 그녀에게 동료들이 따뜻하게 물어볼 때마다 그녀는 이렇게 말했다.

"의사도 병명을 알아내지 못했어요. 그냥 몸살처럼 온몸이 아픈 건데, 이유는 잘 모르겠네요."

나중에 그녀와 대화를 나누던 중, 그녀가 병이 나는 이유에 대해서 알 수 있었다. 그녀에게는 선천적으로 몸이 불편한 오빠가 있었는데, 부모의 관심은 늘 몸이 불편한 오빠에게 쏠려 있었다. 이에 대해 그녀는 불만이 있었고 부모가 자신을 사랑하지 않는다고 생각했다. 그러던 어느 날, 그녀가 크게 아픈 적이 있었고 이때 부모가 자신에게 관심을 보이고 걱정하는 것을 보며 큰 행복을 느꼈다. 그 후로, 그녀의 몸은 그녀가 엄마를 그리워할 때마다 마치 그 마음을 읽어내듯 아팠던 것이다. 그녀 자신조차도 자신이 병으로 부모의 관심을 끌고 있다는 사실을 알아채지 못했다.

두 번째 단계: 권리 찾기

"내가 알아서 할게. 나한테 이래라저래라 하지 마."

아이는 끊임없이 부모의 권위에 도전하려 할 것이다. 우산을 챙기라고 해도 안 챙기고, 옷을 하나 더 입으라고 해도 절대 입지 않고, 불량식품을 먹지 말라고 하면 꼭 더 먹는, 이러한 행동들로 어떻게

든 부모에게 반항심을 드러낸다. 아이들이 이를 통해 부모에게 전달하고 싶어 하는 메시지는 단 하나다.

"당신들이 나에게 관심을 주지 않으니, 나도 당신들의 말을 듣지 않을 테야!"

세 번째 단계: 보복

각종 방법을 써도 여전히 부모의 관심을 얻지 못한 아이들은 자신들이 부모로부터 큰 상처를 입었다고 생각하며 똑같이 부모에게 복수하려 할 것이다. 이런 심리로 그들은 도둑질, 싸움 등 각종 말썽으로 부모를 난감하게 만든다.

네 번째 단계: 포기

많은 부모는 아이가 말을 잘 듣는 것을 좋은 현상이라고 생각한다. 하지만 실상은 다르다. 소위 말하는 '말 잘 듣는 아이'는 자신을 포기한 아이들이다. 한 번쯤의 반항을 통해 애초에 자신에게는 부모에게 반항할 힘이 없고 반항이 통하지 않는다는 것을 깨달은 아이는 인생의 주도권을 포기하고 주관이 없는 사람이 된다. 이게 과연 좋은 현상일까? 아이가 아직 말썽을 부리고 만족스럽지 못한 행동을 보인다면 축하할 일이다. 아이는 가장 나쁜 단계까지 가진 않았다. 아직 시간이 있다. 당신이 아이에게 심리 영양을 보충해 주기만 한다면 아이는 더 좋은 방향으로 성장하게 된다. 아이에게 충분한 심리 영양이 생기면, 그는 사랑과 배려의 행동을 보이며 점점 더 뛰어난 사람이 되어 간다. 더 나아가 당신은 아이에게 더 많은 사랑과 관심을 주게 되고, 부모와 자식 간의 관계는 성공적으로 본래의 틀을 깨고 선순환 궤도에 오른다.

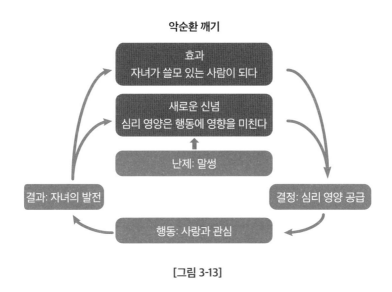

[그림 3-13]

위의 사례에서 볼 수 있듯이 소위 틀 깨부수기란, 원래의 신념이 인생에 설정해 둔 한계를 알아채고 그 제한적 신념에 도전하여 더욱 강력한 신념으로 변화되는 행위이다. 이는 인생에서 만나게 되는 여러 곤경을 쉽게 해결해 준다. 틀 깨부수기가 어려운 것은 아니다. 생각을 바꾸기만 하면 쉽게 틀에서 빠져나올 수 있다. 우리는 곤경에 처했을 때, 항상 본인의 생각이 옳다고 고집하며 어떻게든 이것을 증명하려 하기 때문에 틀을 깨부수는 것을 어렵게 생각한다.

"돈은 무조건 아껴야 생겨!", "문제 발생의 원인은 무조건 너야!", "말 잘 듣는 아이가 최고!"라고 생각하며 이를 증명하려 하면 할수록 더욱 곤경에 빠지게 된다.

인류 최대의 비극은 바로 머릿속에 잘못된 생각이 있음에도 불구하고 이를 알아채지 못하는 것이다. 남들이 뭐라고 하든, 스스로 옳다고 생각하는 도리만을 지키며 검증된 도리는 쳐다도 보지 않는다. 틀 안에 있으면서 자신이 옳다고 고집하면 자연스레 영원히 틀 안에 갇히고 만다. 한 기업가가 이런 말을 한 적 있다.

"달걀은 밖에서부터 깨지면 음식이고, 안에서부터 깨지면 생명이다."

내부로부터 깨뜨리는 힘의 위력은 어마어마하다. 인생에서 내면의 틀을 깨는 것은 비약적 성장을 의미하며 더 나은 삶을 위해 새롭게 태어남을 의미한다.

말투 조금 바꿨을 뿐인데
관계가 달라진다

4장

감성적인 언어 vs
이성적인 언어

　모두가 알다시피 변호사의 수입은 굉장히 높다. 특히 배심원제도가 자리 잡은 지 오래된 서양에서는 더 그렇다. 변호사의 변호가 배심원들의 판단에 큰 영향을 미치는 게 그 이유다. 변호사는 법률에 대해서도 잘 알고 있어야 할 뿐만 아니라, 말도 잘해야 한다. 당신이 배심원이라면, 다음 두 진술 중 어느 진술에 더 영향을 받을 것 같은가? 두 변호사의 범죄자에 대한 진술을 들어보자.

　"범죄자는 우리의 삶을 망칩니다. 우리가 사는 이 도시에서 만 명 중 한 명은 범죄자에게 피해를 입습니다. 만분의 일이라는 확률이라고 안심하지 마십시오. 만일 그 일이 당신에게 일어난다면 어떨지 생각해 보십시오. 따라서 우리는 이 범죄자를 엄중하게 다스려야 합니다. 처벌을 강화하면 범죄를 줄일 수 있습니다. 통계에 따르면, 형을 1년 늘릴 때마다 범죄율 0.001퍼센트 줄일 수 있습니다."

"범죄자는 도시의 약탈자입니다. 그들은 맹수처럼 사회 속에 잠복해 있으며 항상 우리의 신변과 안전을 위협하고 있습니다. 당신은 그들이 언제 나타날지, 어디에 있는지도 알지 못하죠. 그리고 그들이 나타나는 순간, 당신은 사랑하는 사람들을 잃게 될 것입니다. 게다가 이 범죄성은 전염병처럼 퍼지기 때문에 범죄자는 점점 늘어날 게 분명합니다. 이들을 엄벌하지 않으면, 그들은 역병처럼 막을 수 없게 됩니다."

위 두 진술 중 무엇이 당신의 판단을 좌지우지할 것 같은가? 대다수 사람은 두 번째 진술에 더 영향을 받는다. 이는 심리학자들이 실험을 통해 도출해 낸 결과이다. 두 번째 진술이 더 영향을 미치는 이유가 뭘까? 첫 번째는 이성적 언어이고, 두 번째는 감성적 언어이기 때문이다.

감성적 언어란 무엇이고 어떻게 사용해야 할까? 그리고 이성적 언어는 언제 사용해야 하는 걸까? 이 문제들에 흥미가 있다면 다음 내용을 자세히 읽어보자.

3가지 표상체계 언어

2012년 중국에서 한 TV 프로그램이 선풍적인 인기를 끌었다. 해외 20여 개 국가에서 방영권을 사 갈 정도였다. 그런데 주제가 참신하거나 방영 시간대조차 황금시간이 아니었다는 게 아이러니하다. 대체 어떤 이유로 유행한 것일까?

이 프로그램의 제목은 〈혀끝으로 만나는 중국〉으로 중국 CCTV에서 만든 음식 다큐멘터리이다. 당시 이 프로그램을 본 사람들은 모두 칭찬을 아끼지 않았다. 그 이유는 뭘까? 찜통 속 모락모락 김이 나는 새하얀 만두, 반죽을 내려치는 시원한 소리, 팔팔 끓는 기름에 튀겨지는 소리, 일가족이 함께 밥을 먹는 오붓한 모습, 어부들이 장대 다리 위에서 물고기를 낚는 모습까지…. 장면 하나하나가 많은 사람의 마음을 어루만졌다.

〈혀끝으로 만나는 중국〉이 성공한 데에는 연출이 크게 한몫했다. 렌즈의 언어로 표현될 수 있는 감각적인 장면들이 뛰어난 연출력을 만나 환상적인 이야기를 만들어낸 것이다. 몇 개의 씬이 모여 만들어낸 시퀀스들은 시청자들의 여러 표상체계를 자극했고, 끊으려야 끊을 수 없게 만들었다.

표상체계란 무엇일까? 우리가 어느 한 사람을 보거나 떠올렸을 때, 우리의 머릿속에는 그의 얼굴과 목소리가 떠오른다. 사실 이는 수많은 미세한 자료들이 합쳐져서 만들어진 결과다. 그리고 이 세밀

한 자료는 퍼즐의 조각보다 더 기본적인 구성 요소라고 봐야 한다. 감각을 구성하는 이 요소들을 우리는 '표상체계' 또는 '감각 양식'이라고 부른다. 이 표상체계를 다시 한번 세분화하면 '하위 양식'이 되며 '세부 감각'이라고도 부른다. 이는 우리의 경험 또는 기억을 구성하는 가장 작은 기본 요소이다.

다음과 같은 경험을 해 본 적 있을 것이다. 우리는 돈을 내고 영화관에 가서 영화를 본다, 시간이 지나면 집에서 더 저렴하게 혹은 공짜로 볼 수 있는데도 말이다. 이는 영화관에서 보는 영화가 집에서 보는 것보다 더 생생하고 더 많은 감각을 자극하기 때문이다.

왜 그럴까? 영화관에는 집보다 더 풍부한 감각 양식이 있어서다. 세부 감각은 카메라의 화소와 같다. 모든 사진은 하나하나의 화소가 모여서 이루어지는데, 화소 수가 많으면 많을수록 더 정밀하고 섬세한 사진이 된다. 사진을 구성하는 것은 화소, 두뇌 속 기억을 구성하는 것은 세부 감각이다.

인류는 주로 시각적Visual, 청각적Auditory, 신체 감각적Kinesthetic 차원에서 세상을 인식한다. 이는 인류가 정보를 수집할 때 가장 자주 사용하는 세 가지 통로다.

시각적 감각 양식의 세부 감각으로는 밝기, 크기, 색깔, 거리, 선명도, 위치, 속도, 움직임 등이 있다. 청각적 감각 양식의 세부 감각으로는 음량, 음의 높낮이, 박자, 음의 지속 등이 있다. 신체 감각적 감각 양식의 세부 감각으로는 범위, 강도, 온도, 빈도, 무게, 활동성 등이 있다.

당신의 기억은 모두 이러한 감각 양식으로 이루어져 있다. 이것이 하나가 되어 화면이 되고 소리가 되며 감각이 된다. 당신의 머릿속 화면, 소리 그리고 감각을 움직이는 언어가 바로 '표상체계 언어'이다. 이게 곧 자신의 정서와 느낌을 표현하는 언어이며 이는 '감성적 언어'라고도 부를 수 있다.

이와 상반되는 것이 '이성적 언어'이다. 이성은 인식의 고급 단계로, 감각 재료들을 감성 인식의 기초 위에 놓고 분석한다. 그런 뒤 필요한 알맹이를 취해 진위를 밝혀내고 겉에서부터 속까지 종합적으로 정리와 개조한다. 그리고 개념, 판단, 추리, 이 세 가지 형식으로 결론을 내리는, 개괄적이고 간접적인 인지 형식이다.

간단한 예시를 들어 두 가지 언어의 차이를 살펴보자.

"제가 처음으로 눈을 본 건 2002년, 가족들과 함께 구채구九寨溝로 여행 갔을 때였어요. 구채구에 도착하자마자 우리는 난생처음 눈을 보았어요. 저는 인터넷에서 눈과 관련된 자료들을 찾아봤어요. 알고 보니 눈은 구름 속의 수분이 얼어붙은 상태로 내리는 것이라고 하더라고요. 눈은 물이 공중에서 빙결된 후 떨어지는 자연 현상이며 물의 고체 형식 중 하나예요. 눈은 보통 상층 기온이 차고 지상

기온이 섭씨 2도 이하일 경우 내릴 확률이 높아요. 따라서 제가 사는 광저우에는 내릴 일이 없죠."

"제가 처음으로 눈을 본 건 2002년, 가족들과 함께 구채구로 여행을 갔을 때였어요. 구채구에 도착하자마자 저는 눈 앞에 펼쳐진 끝없이 하얀 세계에 놀람을 금치 못했어요. 남쪽에서 자란 사람으로서, 단 한 번도 이처럼 아름다운 광경을 본 적이 없었어요. 하늘과 땅 사이에서 휘날리는 작고 새하얀 눈을 보니, 하늘에서 천사가 흰색 꽃잎을 뿌리며 우리를 반기는 것이 아닐까 하는 생각이 들었어요. 다섯 살 된 아들은 신나서 함성을 지르며 눈밭에서 구르고 있었고, 그 모습을 보니 저도 신나서 하얀 세상을 누리기 시작했죠. 눈의 세계는 차갑지만, 그 순간 제 마음속은 화롯불 앞에 있는 것보다 훨씬 더 따뜻했답니다. 사랑하는 사람과 함께 인생 첫눈을 보니 너무 행복했습니다. 행복해하는 가족들을 보며 반드시 그들을 데리고 세계 여행을 가리라 결심했습니다."

이성적인 언어와 감성적인 언어의 차이를 느꼈는가?

감성적 언어는 우리 머릿속에 미세한 시각적, 청각적, 감각적 화면을 더 많이 창조해 낸다. 중간중간에 있는 동사들은 이 화면을 동영상처럼 움직이게 만든다. 그리고 이 양식들이 모여 이루어진 것이 바로 표상체계 언어이다. 표상체계 언어는 머릿속에서 입체적인 화면을 만들어낸다. 말 속에 들어있는 세부 감각이 풍부하면 풍부할수록 우리의 머릿속 입체 화면은 더 진짜와 같아지고 자연스레 더 효과적으로 자극을 줄 수 있다.

심리 훈련 업계의 몇몇 지도사들은 "내가 가르치는 건 전부 실질적인 것들이야~!"라며 자찬하곤 한다. 사실 실질적인 것들에는 딱히 돈을 들일 필요가 없다. 왜냐하면 이들은 모두 단순한 지식이거나 상식이기 때문이다. 인터넷 시대인 요즘, 지식을 얻을 수 있는 문턱은 현저히 낮아져 있다. 포털 사이트에 들어가서 단어 하나만 입력하면 자신이 원하는 정보가 우수수 쏟아져 나온다. 따라서 지식은 점점 가치가 낮아지고 나중에는 완전 공짜가 되어 버릴 것이다. 그렇다고 이것이 훈련을 받을 필요가 없다거나 책을 읽지 않아도 된다는 핑계가 될 수는 없다. 독서나 훈련은 단순히 지식을 전달하는 것뿐만 아니라 개인의 능력을 높이고, 개인의 신념을 변화시키며, 한 사람의 인생을 바꾸기 때문이다.

지식의 가치를 실현하기 위해 가장 중요한 것은 체험이다. 다시 말해 독서와 훈련을 통해 직접 생생하게 지식의 위력을 느끼고 체험해야 지식이 잠재의식에까지 영향을 미칠 수 있으며 궁극적으로 인생을 바꿀 수 있다. 표상체계 언어에 동사들을 좀 추가하면, 우리 머릿속 그림들은 움직이기 시작하고, 말은 훨씬 생동감 있고, 입체적이며 사람들에게 더 쉽게 그리고 깊이 다가갈 수 있다.

갓 태어났을 때 우리의 시각, 청각, 신체 감각은 기본적으로 균형을 이루고 있다. 하지만 성장하는 과정에서 어떤 기능은 점점 강해지고, 어떤 기능들은 사용하는 빈도수가 적어서 점점 그 감을 잃는다. 그렇게 사람들은 크게 시각적, 청각적, 신체 감각적, 이렇게 세 가지 유형으로 나뉘게 된다. 서로 다른 유형의 사람들은 습관적으로 자신에게 익숙한 표상체계를 통해 세상을 이해한다.

시각 기능을 선호하는 사람은 색깔, 형상, 그림에 대해 비교적 강한 통찰력을 가지고 있다. 그들이 하는 말은 형상화되어 있고, 눈으로 볼 수 있는 단어들을 주로 사용한다. 예를 들면 다음과 같다.

"너 정말 예쁘다."

"이 세상은 아름다워."

"공원 안의 꽃들이 활짝 피었네."

청각 기능을 선호하는 사람들은 소리에 매우 민감하다. 그들은 소리를 묘사하는 단어들을 주로 사용하며 소리로부터 받는 느낌을 특히 강조한다. 예를 들면 다음과 같다.

"네 말에 일리가 있는 것 같아."

"목소리가 매우 청아하네요."

"네 이야기는 너무 듣기 좋아."

신체 감각 기능을 선호하는 사람들은 주로 몸으로 느끼는 것에 관해 얘기하며 다음과 같은 표현들을 자주 쓴다.

"너와 함께 있으면 **따뜻함을 느껴.**"
"너와 함께 있으면 뭔가 **안정적이야.**"
"당신 옆에 있으면 **편안해요.**"

이처럼 서로 다른 유형의 사람들은 자신만의 통로로 세상과 연결되어 있다. 따라서 사람들과 소통할 때 당신이 한 가지 언어를 주로 사용한다면 한 유형의 사람에게만 호감을 살 수 있고, 나머지 두 유형은 당신과의 소통이 어려울 수도 있다. 당신의 말이 그들에게 공감을 불러일으키지 못하기 때문이다. 그러므로 우리는 시각, 청각 그리고 신체 감각 등 세 가지 표상체계 언어를 전부 배워야 더 많은 이들과 효과적으로 소통할 수 있다.

내 심리 수업을 들으러 오는 학생들은 분명 서로 다른 표상체계를 선호한다. 이 때문에 나는 모든 수강생들의 공감을 얻기 위해 세 가지 표상체계 언어를 전부 사용해야 했다. 이렇게 말이다.

"방금 여러분의 웃음소리를 듣고(청각), 여러분 한 분 한 분의 웃는 얼굴을 보니(시각), 뿌듯함이 한가득 밀려오네요(신체 감각). 이 수업이 마음에 들었으니 그렇게 웃을 수 있는 것이라 생각합니다. 이 자리에 와 주신 것에 무한한 감사를 표합니다."

객관적으로 보게 하는 이성적 언어

앞서 나는 감성이 얼마나 중요한지를 이야기했다. 그런데 사실 이성 또한 똑같이 중요하다. 왜 그럴까?

미국의 사회심리학자인 레온 페스팅거Leon Festinger는 이렇게 말했다.

"인생의 10퍼센트는 당신에게 일어나는 일들로 이루어지고, 나머지 90퍼센트는 그 일들에 당신이 어떤 반응을 보이느냐에 따라 결정된다." 페스팅거는 한 가지 예를 들었다.

> "어거스트는 아침에 일어나 샤워를 하러 들어가며 자신의 명품 시계를 욕실 선반 위에 올려놨다. 이를 본 그의 아내는 시계가 물에 젖을까 봐 시계를 식탁으로 옮겨놨다. 그런데 아침밥을 먹으러 식탁에 온 그의 아들이 빵을 집으며 실수로 시계를 바닥에 떨어뜨렸고 시계는 고장이 나고 말았다. 아끼던 시계가 고장이 난 것을 보고 어거스트는 화를 참지 못했다. 아들을 회초리로 여러 차례 때리고, 아내에게도 한바탕 욕설을 퍼부었다. 그래도 화가 풀리지 않았던 어거스트는 아침밥도 먹지 않은 채 집을 나서 차를 몰고 회사로 향했다. 불운은 끊이지 않았다. 어거스트는 출근길에 서류 가방을 가져오지 않았다는 걸 알고 다시 차를 돌려 집으로 향했다. 하지만 집에는 아무도 없었고 결국 어거스트는 아내에게 전화해 열쇠를 가져와 달라고 했다. 정신없이 서류 가방을 챙겨 회사로

갔지만 출근 시간보다 15분 늦게 도착했다. 이로 인해 상사에게 된통 혼이 났다. 기분이 나빠질 대로 나빠진 그는 결국 다른 동료와 사소한 일로 싸우기까지 했다.

하루를 망친 건 어거스트뿐만이 아니었다. 아침에 어거스트에게 열쇠를 주기 위해 급하게 길을 가던 아내는 옆에서 오던 과일 장수를 보지 못해 그의 과일 수레를 넘어뜨려 버렸고, 그에게 돈을 배상해 주어야 했다. 그리고 중요한 야구경기가 있었던 어거스트의 아들은 아침에 있었던 일 때문에 마음이 복잡해 실력을 제대로 발휘하지 못했고, 결국 대회에서 탈락하고 말았다."

이 이야기에서 시계가 부서진 것은 10퍼센트, 그 뒤에 일어난 일들은 나머지 90퍼센트이다. 당사자가 그 90퍼센트를 제대로 통제하지 못했기 때문에, 온 가족들의 하루는 완전 엉망이 되어 버렸다.

이는 우리에게 낯선 이야기가 아니다. 격앙된 감정에 지배당해 이성을 잃고 나중에 후회할 결정을 내린 경험은 모두가 한 번쯤은 겪어봤을 것이다. 이처럼 감정을 주체할 수 없을 때 우리에겐 우리를 감성에서 이성으로 돌아오게 할 또 다른 언어가 필요하다. 어떤 언어일까? 우선 한 가지 짧은 이야기를 살펴보자.

전국시대 초기, 제의 위왕威王과 위의 혜왕惠王은 서로 침략을 하지 않겠다는 우호조약을 맺었다. 한번은 제나라의 군대가 위나라의 국경 마을에서 소란을 피웠는데, 이에 크게 노한 혜왕은 곧장 군대를 준비하여 제나라를 치려 하였고, 위나라의 신하들은 이런 그를 말리려 했다.

"왕이시여, 국경에서 일어난 이 작은 일로 제나라를 치시면, 양국이 7년 동안 어렵게 유지한 우호 관계가 완전히 깨지게 됩니다. 너무 아깝지 않으시겠습니까?"

혜왕은 신하들의 말에 일리가 있다는 것을 알았지만, 이렇게 그냥 넘어가기에는 화가 가라앉지 않았다. 이때 대진인이라는 현자가 나와 말했다.

대진인 대왕, 달팽이라는 생물을 아십니까?

혜왕 알고 있소. 머리에 뿔 한 쌍이 달린 생물을 말하는 것 아니오?

대진인 맞습니다. 사실 두 뿔은 두 개의 나라입니다. 왼쪽은 촉 씨라는 나라, 오른쪽은 만 씨라는 나라지요. 이 두 나라는 더 많은 영토를 차지하기 위해 싸움을 벌였는데, 그로 인해 죽은 자가 몇만 명에 달한답니다.

혜왕 (그의 말을 끊고 웃으며) 선생, 그게 무슨 황당한 이야기요? 그 작은 나라끼리 무슨 뺏을 것이 있다고?

대진인 그렇습니까? 대왕의 눈에는 만 씨와 촉 씨, 이 두 나라는 보잘것없는 나라라는 것이지요? 그렇다면 인간이 사는 이곳을 우주와

비교했을 때는 어떻겠습니까. 똑같이 보잘것없지 않겠습니까. 우리
위나라는 그 보잘것없이 작은 땅 중에 일부분일 뿐입니다. 그렇다
면 우리를 촉 씨와 만 씨와 비교했을 때, 차이가 있습니까?

혜왕 흠... 별 차이가 없구려.

대진인 그렇다면 제나라와 위나라가 싸우는 것이 만 씨와 촉 씨가
싸우는 것과 또 무슨 차이가 있겠습니까?

이 말을 끝으로 대진인이 물러간 후, 깨달음을 얻은 혜왕은 제나
라를 공격할 마음이 사라졌고, 제나라에 사자를 보내 평화롭게 국경
문제를 해결할 것을 요청했다. 그렇게 양국은 한동안 우호 관계를
더 이어갈 수 있었다.

이 이야기가 바로 『장자』에 나온 '만촉지쟁蠻觸之爭'이다. 이 이야기
속 대진인의 말은 감정적인 상태에 있는 혜왕을 끄집어냈고, 이로써
의미 없는 전쟁을 피할 수 있었다. 대진인이 사용한 방법을 심리학
에선 '분리'라고 부른다.

당사자의 시야는 흐리고, 제3자의 시야는 밝다. 우리는 종종 눈앞
에 펼쳐진 상황에 매몰되거나 제압당한다. 이때 약간의 말로 자신과
상황 사이에 공간을 만들면, 감정적 상태에서 분리될 수 있다.

이 언어 기술은 우리가 앞서 얘기한 '틀 깨부수기'에 속한다. 틀을
깨고 뛰어넘어 상황 밖으로 나가는 사고방식과 또 다른 각도에서 지
금 벌어진 일을 바라볼 때 비로소 객관적이고 중립적인 위치에서 사

건을 해결할 수 있다. 감정적인 상태가 초래하는 안 좋은 결과를 피할 수 있는 것이다.

분리하는 언어 기술은 자녀 교육에 특히 유용하다. 내 딸은 어렸을 때 종종 성질을 부리곤 했었다. 딸이 성질을 부릴 때, 나는 간섭하지 않고 그녀의 화풀이 대상이 되어 주었다. 딸의 감정이 어느 정도 가라앉았을 때, 나는 딸을 불러서 그녀가 있었던 자리를 가리키며 말했다.

"사랑하는 딸아, 좀 전에 저기서 화를 내던 작은 아가씨를 봤니? 네가 봤을 때 그 아가씨의 행동이 좋았니, 좋지 않았니?"

아이가 제3자의 관점에서 자신의 지난 행동을 보게 된다면 아이는 금방 깨닫게 된다. 이와 비슷한 표현은 다음과 같다.

"좀 전에 했던 그 행동에 대해 만족하니?"

"과거의 자신에게 0에서 10점 중에서 몇 점을 주고 싶니?"

"저기 저 강아지가 너를 봤을 때, 너는 어떤 사람일까?"

"저기 저 형광등이 너를 봤을 때, 너는 어떤 사람일까?"

이처럼 당사자가 기존의 위치에서 벗어나, 제3자의 입장에서 새로이 자신을 돌아보게 하는 방법이 바로 '분리'다. 표상체계 언어와 비교했을 때, 이 방법은 사람을 좀 더 이성적으로 변하게 한다. 감성에서 이성으로 가는 것은 인식의 비상이며, 인식의 심화이다. 사물의 본질, 외부와 내부의 연결에 대한 요약과 반영이다. 이성적 인식이 이처럼 중요한 것은, 이것이 우리의 행동을 좌지우지하기 때문이다.

　이성과 감성은 똑같이 중요하다. 이성적 인식이 없으면 편협한 경험주의의 오류를 범하기 쉽고, 감성적 인식이 없으면 편협한 교조주의Dogmatism에 빠질 수 있다.

마음을 움직이는
공감 언어

 언어에는 감정이 있으며, 아주 중요한 기능인 '공감'이 있다. 인본주의 심리학자 칼 로저스^{Carl Ransom Rogers}는 공감에 대해 다음과 같이 정의했다.

"공감이란 타인의 내면세계를 체험하는 능력이다."

로저스는 공감하기 위해서는 반드시 타인의 입장에서 문제를 바라봐야 한다고 했다. 공감은 타인의 사적 인지 세계에 성공적으로 진입해 그곳에 완전히 자리 잡았다는 것을 의미한다.

공감 능력은 심리 상담사에게 없어서는 안 되는 기술이다. 사실 일상 속 인간관계에서도 마찬가지다. 사람의 내면에 생긴 감정은 타인의 이해를 받아야 할 뿐만 아니라 관심을 받고 수용되어야 하기 때문이다. 당신이 상대방의 기분을 파악하고 그의 감정을 수용했을 때, 상대방은 자기 자신이 받아들여졌다고 여기고, 관심과 이해를 받았다고 느낀다. 그렇게 우리는 소통의 다리를 놓을 수 있고, 서로의 마음 간 거리를 좁힐 수 있으며, 상대의 마음속 깊은 곳까지 닿을 수 있다. 몇 가지 상황을 함께 살펴보자.

상황 1

한 남자아이가 공원에서 신나게 뛰어놀다가 미끄러져 넘어졌고, 아이는 큰 소리로 울기 시작했다.

엄마 A "아이고, 얼마나 아플까!"

엄마 B "사내자식이 씩씩해야지, 울면 어떡해!"

상황 2

"최근 일주일 내내 새벽 2시까지 야근했다니까. 무슨 회사가 한 사람한테 일을 2인분씩 시켜. 진짜 피곤해 죽겠어…."

영희가 푸념하자 옆에 있는 친구가 말했다.

친구 A "진짜 너무 피곤하겠다. 주말에 푹 쉬어!"

친구 B "안 되겠으면 회사를 옮겨!"

상황 3

"옆집 수지네가 차를 바꿨는데 그렇게 편하대요."

아내가 남편에게 말했다.

남편 A "그 차가 마음에 들었구나? 우리도 차 한 번 바꿔볼까?"

남편 B "이 사람이 왜 이리 사치를 부리려 그래?"

똑같은 상황에서 어떤 말이 상대방의 마음에 더 와닿을까?

상황 1에서 엄마 B의 말은 아이의 감정을 해소하지 못할뿐더러, 아이의 마음속에 '다 내 잘못'이라는 생각을 심어 주고 외로움을 느끼게 한다.

상황 2에서의 친구는 너무 피곤해서 불평 몇 마디만 했을 뿐이다. 그러니 안 되겠으면 회사를 옮기라는 친구 B의 말은 별로 도움이 되지 않고, 되려 그를 심란하게 만든다.

상황 3에서 아내는 수지네가 차를 바꿨다는 사실에 약간의 부러움을 표현했을 뿐이다. 하지만 남편 B의 말은 갈등을 초래하고 아내의 마음을 불편하게 만든다.

같은 상황에서 A는 상대방의 내면세계를 들여다보았고, 마음 대 마음으로 상대를 대했으며, 상대방의 감정에 적절한 반응, 즉 공감을 해 주었다. 이는 상대방의 마음을 어루만지기에 충분하다.

상대의 감정을 어루만진다

공감 능력이 부족한 사람은 사람을 대할 때 냉정하다. 그래서 그가 상대방을 위해 계획을 세워 주고, 아주 좋은 방법을 제안하더라도 상대방이 이를 받아들이기 어렵다.

인간관계에서 공감은 두 사람의 감정을 연결 짓는 필수 과정이다. 가족을 대할 때, 친구를 사귈 때 혹은 업무상 만난 사이에서도 우리는 필수적으로 공감 능력을 발휘해야 한다.

심리 상담을 할 때 자주 쓰는 말이 있다.

"정말 쉽지 않네요!"

"슬퍼해도 괜찮아요."

"좀 울어도 좋아요, 제가 옆에 있을게요."

"사람은 다 무기력할 때가 있어요."

"자신을 외롭게 두고 싶나요?"

"마음이 정말 좋지 않겠어요."

이 말들은 상대방의 감정을 어루만질 수 있고, 두 사람은 이로 인해 소통할 수 있게 된다. 심리 상담사 말고도, 성공한 영화감독, 가수 또는 시인들도 이와 같은 정서적인 말을 하는 데에 익숙하다. 왜 그럴까?

공감에서 한 단계 발전한 것이 공명이다. '공명'이란 타인의 감정과 완벽히 같은 감정을 느끼는 것을 말한다.

역대 세계 흥행 순위 10위 안에 들었던 영화 중, 제임스 카메론 감독의 〈타이타닉〉과 〈아바타〉는 그 순위를 오랫동안 유지했다. 그의 영화가 이처럼 잘 팔린 이유는 뭘까? 언제 한번 TV에서 카메론의 인터뷰를 본 적이 있다. 사회자가 그에게 대작이란 어떤 것이냐고 묻자, 그는 이렇게 대답했다.

"대작은 전 세계 관중을 겨냥한 것이기 때문에 반드시 언어와 문화의 장벽을 넘어야 합니다. 이 점을 달성하기 위해서는 인류가 가진 몇몇 공통성을 준수해야 하며 전 세계 사람들의 공명을 일으킬 만한 장치가 있어야 합니다. 예를 들어 〈타이타닉〉은 사랑과 이별 그리고 죽음을 다뤘습니다. 이 주제들은 강한 힘을 가졌고, 모두에게 익숙하며, 대부분이 좋아하는 주제입니다. 그래서 사람들은 자신이 그 상황 속에 있다는 상상을 쉽게 할 수 있죠. 즉, 공명이 가능합니다."

〈타이타닉〉에 나온 명대사들을 한번 되짚어 보자.

"타이타닉 티켓을 따낸 것은 내 인생 최고의 행운이었어. 그것 때문에 당신을 만났으니까. 살아남겠다고 약속해 줘요. 무슨 일이 있어도, 어떤 상황에서도 절대 포기하지 않겠다고 약속해 줘요…. 그래야만 해요."
"여자의 마음은 깊은 바다와 같답니다."
"인생은 축복이니 낭비하면 안 되죠."

그 시절 이 영화를 보며 얼마나 많은 눈물을 흘렸는지 모르겠다.

나뿐만 아니라 수많은 사람이 눈시울이 뜨거워졌다. 카메론이 연출한 사랑, 이별 그리고 죽음, 이 세 가지 주제에 공명했기 때문이다.

공명의 범위가 넓은 영화는 잘 팔리기 마련이다.

영화와 마찬가지로 책도 그렇다. 일본의 소설가 다자이 오사무의 『인간 실격』은 수많은 사람에게 읽혔다. 이 소설이 성공한 것은 많은 사람의 고통에 공명했기 때문이다. 다음 문장을 함께 느껴 보자.

"저는 인간을 극도로 두려워하면서도 아무래도 인간을 단념할 수가 없었던 것 같습니다. 그렇게 해서 저는 '익살'이라는 가는 실로 간신히 인간과 연결될 수 있었던 것입니다. 겉으로는 늘 웃는 얼굴을 하고 있었지만 속으로는 필사적인, 그야말로 천 번에 한 번밖에 안 되는 기회를 잡아야 하는 위기일발의 진땀 나는 서비스였습니다."

간단한 한 문장 속에 주인공 내면의 자괴감, 날카로움, 번민, 절망이 남김없이 다 묘사되어 있다. 이와 동일한 감정을 느껴 본 적이 있는 사람들은 이 문장에서 그 압박감을 그대로 느낄 수 있었을 것이다.

공명을 이끌어낸 작품의 공통점

영화와 문학작품, 광고 등이 불러일으키는 공명이 강렬할수록 더 성공적으로 사람을 움직일 수 있다. 그렇다면 이처럼 사람들의 공명을 이끌어 내는 작품들의 언어에는 어떤 특별한 구석이 있을까?

인류에게는 크게 두 가지 욕망이 있다. 하나는 쾌락을 추구하는 것이고, 하나는 고통을 피하는 것이다. 앞서 든 예시들은 모두 이 두 가지 범위 안에서 사람들의 공명을 불러일으켰다. 이 두 가지 동력에서 고통을 피하고자 하는 힘이 조금 더 크다. 이렇게 말할 수 있는 이유는 무엇일까?

우사인 볼트는 올림픽에서 8개의 금메달을 거머쥐었고, 세계 기록도 여러 차례 갈아치웠다. 상상해 보자. 우사인 볼트가 다시 한번 세계 기록을 깨게 하기 위해서는 두 가지 방법이 있다.

첫째는 상금을 늘리는 것, 둘째는 그의 뒤에 굶주린 호랑이 한 마리를 풀어놓는 것, 둘 중 무엇이 효과가 더 좋을까?

답은 분명 2번이다. 고통이 사람에게 미치는 영향력은 쾌락보다 더 크다. 〈타이타닉〉과 『인간 실격』, 이 두 작품이 오랜 시간 인기를 끈 것은 이들이 고통에서 공명을 불러왔기 때문이다.

영화나 책, 광고 외에 심리 상담도 고통의 힘을 필요로 한다. 음악 작품도 예외는 아니다. 나는 리찌엔이 부른 「아버지가 쓴 산문시」를 잊을 수가 없다. 간단하지만 담백한 그 가사를 듣고 눈물이 멈추지 않았다.

"내일은 이웃에게 돈을 더 빌려야 해,

아이는 과자가 먹고 싶다며 온종일 울었어.

파란 카키 재킷, 가슴을 후비는 고통,

연못가에 앉아, 두 주먹으로 자신을 때리네.

(……)

내가 늙어 화장터의 재가 되면,

아들은 진정한 사나이가 되어 있겠지,

사랑스러운 여인을 만나 자신의 가정을 꾸렸겠지,

허나 이처럼 힘들게 살진 않았으면 하네…"

이 노래를 들을 때마다 나는 나의 아버지가 떠오른다. 내가 대학 합격 통지서를 받았던 그날, 온 가족이 제일 기뻐해야 하는 그날, 우리는 전혀 기쁘지 않았다. 집에 돈이 없었기 때문이다. 등록금을 마련하기 위해 아버지는 온 마을 사람들에게 돈을 빌리러 다녔지만 한 푼도 빌릴 수 없었다. 내 기억 속에는 아직도 선명하게 남아 있는 장면 하나가 있다. 집안 화로 앞에 앉아서 장작을 채우며 담배를 태우고 있던 아버지의 모습, 그리고 나는 아버지의 눈가에서 눈물이 흐르는 것을 분명히 보았다. 그 장면을 평생 잊지 못한다.

내 아버지는 키가 180센티미터 정도의 기골이 장대한 편이었고, 평생 눈물이라고는 흘려 본 적이 없는 사람이다. 하지만 등록금을 낼 방법이 없다는 사실에 그는 그 큰 몸을 웅크리며 눈시울을 적셨다.

그 순간, 나의 마음은 비수가 날아와 꽂힌 듯 고통스러웠다. 그리고 속으로 맹세했다. 앞으로 열심히 일해서 아버지와 가족에게 보답하겠다고, 보란 듯이 성공해서 가족들이 더 나은 삶을 살 수 있게 하겠다고. 현재 아버지가 된 나에게는 또 새로운 목표가 생겼다. 끊임없이 노력해서 내 아이가 나보다 나은 삶을 살게 할 것이고, 아이가 생활고로 인해 몰래 눈물을 훔치는 아버지의 모습을 볼 일이 없게 할 것이다.

"허나 이처럼 힘들게 살진 않았으면 하네."

이 가사 한 줄은 정말 나를 겨냥해서 쓴 것만 같다.

이게 바로 공명 언어의 매력이다. 이는 당신의 기억을 여닫을 수 있으며, 하나의 경험을 떠오르게 만들며 공명을 불러일으킨다. 이런 공명은 내면에 적중하여 당신을 물들인다. 이때 내면 한구석에서는 변화가 시작된다.

어디에 초점을 두고
말할 것인가?

기도 중 금단 현상이 나타난 한 신도가 신부에게 물었다.

"신부님, 기도할 때 담배를 피워도 됩니까?"

화가 난 신부는 그를 한번 째려보더니 '안된다'고 말했다. 기도 중에 금단 현상이 나타난 또 다른 신도도 신부에게 가서 물었다.

"신부님, 담배를 피울 때 기도해도 되나요?"

신부는 그를 칭찬하며 대답했다. "물론이죠."

이 두 신도가 던진 질문의 의도는 같았지만, 얻은 대답은 완전히 달랐다. 그 이유는 무엇일까?

한 부부가 결혼 생활 문제로 상담을 의뢰한 적이 있었다. 그 부부는 하루도 빠짐없이 싸웠고, 이 상태로는 도저히 같이 살 수 없어서 나를 찾아왔다. 처음 그들을 만났을 때, 아내 쪽은 매우 격앙된 목소리로 나에게 말했다.

"선생님께서 제 남편을 손봐 주셨으면 좋겠습니다." 나는 대답했다. "저희는 심리 상담을 하지, 누군가를 손보는 일을 하지는 않습니다." 그러자 그녀는, 눈을 동그랗게 뜨고 이렇게 말했다.

"아니, 손보는 게 아니라면 무슨 상담을 하신다는 거죠?"

여성의 말을 들었을 때, 이 건을 맡고 싶지 않은 마음이 단전에서부터 올라왔지만, 옆에서 그녀의 남편이 고개를 푹 숙인 채 고통스러워하는 모습으로 침묵하는 것을 보고 차마 거절하지는 못해 대화를 이어 나갔다.

결혼 생활에 관한 얘기가 나오자, 부인의 입이 쉴 새 없이 움직였다, 그녀는 자신의 남편에게 불만이 많았다.

> "나 도저히 당신이랑 못 살겠어, 하루 종일 일만 붙들고 있고, 단 한 번도 집안에 관심 가진 적이 없잖아. 당신과 결혼한 이후로 나는 마치 과부가 된 듯한 느낌이야. 아, 이번 생은 진짜 재수가 없어. 애당초 당신과 결혼하지 말았어야 해."

이는 부부 관계에서 자주 생기는 갈등이다. 남편은 일하느라 바쁘고, 아내는 그런 남편에게 불만을 품고 잔소리를 하고, 그럴수록 남편은 더욱 가정을 멀리하고, 그러면 아내의 불만은 더 늘어난다.

어떻게 해결하면 좋을까? 나는 부인에게 또 다른 표현 방식을 알려 주었다. 그러자 상담 끝에 두 사람은 얼싸안고 울었고, 그동안의 오해와 갈등은 얼음 녹듯 녹아내렸다. 어떤 표현 방식일까? 나는 부인이 다음과 같이 자신의 감정을 표현하길 권했다.

"여보, 나와 결혼한 후 당신은 매일 일하느라 바빴죠. 알아요, 당신이 우리 가족을 더 나은 환경에서 살게 하고 싶어서 그런다는 것을. 하지만 나는 대부분의 시간을 집에서 혼자 보내며 외로움을 많이 느끼고, 의지할 곳이 없다는 느낌을 받아요. 마치 내가 일보다 한참 뒷전인 기분이에요. 애초 당신을 사랑하기 때문에 당신과 결혼했고, 단 한 번도 이 결정을 후회해 본 적 없어요. 그저 현재 이런 상황이 나로서는 무척 힘들어서, 그래서 많이 예민해진 것 같아요…."

이 예시는 앞서 들었던 '신도와 담배' 예시와 똑같다. 동일한 사건에 대한 서로 다른 표현은 전혀 다른 결과를 낳는다. 이 둘 사이의 미묘한 차이는 어디에 있을까?

질책하기와 책임지기

음 속에 양이 있고 양 속에 음이 있다. 무슨 일이든 두 가지 면이 있기 마련이다. 소통도 그렇다. 흡연과 기도는 사물 속 '음', '양'과 같다. 어떤 것을 드러내는지에 따라 상대방은 완전히 다른 느낌을 받는다.

"기도할 때 담배를 피워도 되겠습니까?" 여기서 드러낸 것은 흡연이기에, 신부가 이를 허락할 리 없다.

"담배 피울 때 기도를 해도 되겠습니까?" 여기서 드러낸 것은 기도다. 신부가 기도를 허락하지 않을 리 있겠는가?

이와 동일하게 남편이 일하느라 바쁜 것은 사실이다. 이 사실에는 서로 다른 면들이 있다. '집안에 관심이 없음'이 그중 하나고, '가족이 더 나은 삶을 살게 하려고'라는 면도 있다. '이건 남편의 잘못이야'도 그중 하나이며, '나는 너무 외로워'도 또 다른 면이다.

아내가 남편은 '집안에 관심이 없음'과 '이건 남편의 잘못', 이 두 가지 면을 드러내면, 어떤 남편이 이를 좋아할까? 반대로 아내가 '가족이 더 나은 삶을 살게 하려고'와 '나는 너무 외로워'라는 두 가지 면을 드러낸다면 어떨까? 세상 어떤 남편이 사랑하는 사람을 외롭게 두려고 하겠는가?

책임에도 양면이 있다. 실패의 책임을 다른 사람에게 미루고, 상대방을 오답이라는 위치에 올려놓는 것은 '질책'이다. 반대로 책임을 자신에게 돌리고, 주도적으로 해결 방법을 찾는 것은 '책임지다'라고 부른다. 질책하는 말들은 통상 '너'로 시작한다. "네가 잘못해서", "네가 틀렸어", "너 때문에" 등등…. 반대로 책임을 지는 표현들은 '나'로 시작한다. "나의 느낌은", "나의 행동이", "나의 생각이" 등

등….

　질책은 일종의 공격 모드다. 질책을 받은 사람은 자동으로 방어기제를 발동하여 벽을 세우고 갑옷을 입으며 동시에 반격을 시작한다.

　책임을 지는 것은 일종의 열린 입장을 취하는 것과 같다. 우리는 이로써 상호 신뢰하는 환경을 조성할 수 있으며, 가드를 내리고 거리를 좁혀서 서로의 마음을 끈끈하게 할 수 있다.

　질책하기와 책임지기는 둘 다 사건의 일부분을 나타낸다. 하지만 이들은 서로 다른 면을 드러낸다. '기도할 때 흡연'과 '흡연할 때 기도'와 같이, 이 둘은 따지고 보면 동일한 일이지만 사람들에게 주는 느낌은 완전히 다르다. 이게 바로 언어의 매력이다. 이 부분을 이해하고 나면, 소통은 더욱 쉬워진다. 예를 들어 아이가 공부를 대충하고 있을 때, 부모는 이렇게 잔소리할 수도 있다.

　"왜 이렇게 꼼꼼하지 못하니? 커서 뭐가 되려고 이러는 거야!"

　이게 바로 질책이다. 과연 아이가 이를 들으려 할까? 소용이 있을까? 답은 '아니'다. 아이들은 보통 이런 반응을 보일 것이다.

　"잔소리 좀 그만해요. 제가 알아서 할테니 신경 쓰지 마세요!"

　그러면 반대로 책임을 지는 표현 방식으로 바꿔서 다음과 같이 말하면 어떨까?

　"엄마가 고민이 많아, 네 미래가 많이 걱정되는구나…."

　아이는 어떻게 반응할까? 이러면 오히려 아이의 위로를 받게 될 것이다.

"엄마, 걱정시켜 죄송해요, 공부 열심히 할게요."

일상생활에서 갈등과 충돌을 피하기는 어렵다. 부모와 자식 사이, 부부 사이, 고부 사이, 친구 사이, 동료 사이…. 이럴 때 '질책하기'를 '책임지기'로 바꾸면 충돌은 반드시 눈에 띄게 줄어든다.

책임을 지는 것은 매우 중요하다. '인과 재설정' 챕터에서 언급했듯이 사람은 자신의 인생을 스스로 책임지기 시작하는 그 순간, 비로소 진정한 사람으로 불릴 수 있다.

가정에서 회사에서 스스로 책임지게 하는 법

우리는 스스로 책임지는 것이 소통에서 얼마나 중요한지 배웠다. 하지만 인생에는 다른 사람이 스스로 책임지게 해야 할 때가 있다. 특히 리더들은 이런 상황을 많이 겪을 것이다. 그럴 땐 어떻게 해야 할까?

1957년 미국 사회심리학자 더글라스 맥그리거Douglas McGregor는 저서 『기업의 인간적 측면』에서 'XY 이론'을 제기했다. 이는 현재까지도 지대한 영향을 미치고 있다. 맥그리거는 인간의 본성을 두 가지로 구분했다. 그중 X 이론은 "인간은 날 때부터 게으르며, 책임을 회피하고, 지시받은 것만 이행하며 야망도 거의 없다."라는 가설이며,

Y 이론은 '인간은 존중과 신뢰를 받을 때, 스스로 통제하고 책임지며 본인이 정한 목표를 위해 노력한다.'라는 가설이다.

시대가 흐를수록 사람을 자율적이고 긍정적으로 바라보는 Y 이론이 더 많은 지지를 받고 있다. 하지만 현실에서는 절대다수의 사람들이 서로에게 책임을 떠넘기며 산다. 왜 그럴까? 더글라스의 이론이 틀린 걸까? 대중들에게 큰 영향력을 끼치는 혜율 법사는 이런 이야기를 들려줬다.

하루는 혜율 법사가 한 제자의 집에 방문했는데, 하필 그때 제자의 아버지와 어머니가 크게 싸우고 있었다. 제자는 어쩔 줄 몰라 하며 말했다.

"선생님, 이런 모습을 보여 드려 대단히 죄송합니다. 선생님께서 자비를 베풀어 제 부모님께 가르침을 주시면 어떻겠습니까?"

혜율 법사가 물었다.

"저들이 받아들이겠느냐?"

제자는 "그래도 두 사람에겐 선한 마음이 남아 있고, 깊지는 않지만 불교에 대한 관심도 가지고 있습니다."라고 대답했다.

제자의 부모와 초면이었던 혜율 법사는 그들에 대해 아는 것이 전혀 없었기에, 어떤 가르침을 줘야 할지 잠시 고민했다. 그때 책상 위에 놓인 종이와 펜이 눈에 들어왔고, 그는 무언가를 떠올렸다.

혜율 법사는 백지 한가운데 펜으로 검은 점을 하나 그렸다. 그리고 제자의 아버지에게 보여주며 물었다.

"당신은 남편이고, 가정의 중추이지요. 당신의 눈에는 어떤 게 보이나요?"

"선생님, 제 눈에는 검은 점이 보입니다."

혜율 법사는 이번엔 그 종이를 제자의 어머니에게 보여주며 물었다.

"당신은 아내이고, 집안의 중심이지요. 당신의 눈에는 어떤 게 보이나요?"

"제 눈에는 검은색 점이 보입니다, 선생님." 그녀가 대답했다.

그러자 혜율 법사는 종이를 건네며 자신에게 동일한 질문을 해 보라고 했다. 혜율 법사의 종이를 받은 그녀는 그에게 물었다.

"선생님의 눈에는 무엇이 보이나요?"

혜율 법사가 말했다.

"제겐 흰 종이가 보입니다. 작디작은 점이 찍힌 커다란 흰 종이 말입니다."

부부는 이 대답을 한참 동안 읊조리더니 감탄하며 말했다.

"선생님의 뜻이 무엇인지 깨달았습니다. 생각을 한 점 위에 두지 말라는 말씀이군요."

맥그리거의 이론은 틀리지 않았다. 혜율 법사의 가르침이 이 부부를 깨우칠 수 있었던 것은, 그가 이 부부를 존중하고 신뢰하는 모습으로 가르침을 전했기 때문이다.

사람은 신뢰와 존중이 있을 때 비로소 책임을 진다.

남들이 당신을 대하는 방식은, 모두 당신이 가르쳐 준 것이다. 상대방이 책임을 미루거나, 책임을 지는 것, 이 둘은 모두 당신이 어떻게 하느냐에 따라, 즉 그를 존중하고 신뢰하느냐에 달려 있다.

사람은 늘 자신이 옳다는 것을 증명하려 한다. 이 세상에 완벽한 사람은 없다. 아무리 잘난 사람이라도 100점 중 90점 정도밖에 해내지 못한다. 만일 우리가 타인이 이룬 90점을 보지 못하고, 오로지 모자란 10점에만 초점을 맞춘다면, 그는 어떻게든 자신이 옳다는 것을 증명하기 위해 온 힘을 다하여 자신이 해낸 90퍼센트를 드러낼 것이다. 그가 나머지 10퍼센트에 대한 책임을 고의로 미루는 것은 아니다. 그는 그저 자신이 옳다는 것을 증명하고 싶을 뿐이다.

초등학생 아이가 시험에서 90점을 받아왔을 때 부모가 다음과 같이 말했다고 생각해 보자.

"나머지 10점은 어쩌다 깎아 먹은 거야? 이렇게 쉬운 문제도 틀리다니, 제대로 공부한 거 맞아?"

어떤 기분이 드는가? 다행히 아직 부모로 인해 아이의 자아가 깨지지 않았다면 마음속에는 분명 반항심이 생길 것이다.

"90점도 대단한 건데. 선생님이 낸 문제가 얼마나 어려웠는지 알지도 못하면서, 반에서 90점 이상 받은 학생이 얼마나 적은데! 엄마 아빠는 옛날에 얼마나 잘했다고! 그래서 엄마 아빠는 서울대 갔어!"

발상을 살짝 바꿔보자. 만일 아이가 받아온 점수가 쉬운 게 아니라는 것을 먼저 인정해 준다면, 아이는 분명 기쁘게 나머지 10점에 대한 책임을 진다.

어른도 이와 마찬가지다. 앞의 사례에서 서로 질책하던 부부가 부둥켜안고 통곡한 이유는 아내가 남편의 좋은 모습, 즉 더 나은 삶을 위해 열심히 일하는 모습을 보았기 때문이다. 사람은 누군가 자신의 노력을 알아봐 주고, 인정해 주었을 때, 존중받고 신뢰받았을 때 책임을 진다. 따라서 다른 사람이 그 자신의 책임을 지게 하는 것은 생각보다 간단하다. 우선 상대방이 이미 잘 해낸 것을 보고, 그것을 인정해 주고 상대방에게 존중과 신뢰를 느끼게 해 주자. 그렇게 하면 사람들은 기꺼이 책임을 지려 한다.

질문을 통해 상대방을 성찰하게 하는 것도 방법이다. '코칭'이라고 불리는 이 방법에는 네 가지 고전적 질문이 있다.

1. 과거 그 방식에 만족하나요?

2. 0~10점 중 자신에게 몇 점을 주고 싶나요?

3. 자신이 얻은 성적을 어떻게 평가할 건가요?

4. 점수를 더 올릴 수 있다면, 어떻게 할 건가요?

업무 중 부하직원이 부족한 모습을 보였을 때, 직접적으로 그를 질책하기보다는 이러한 코칭 방식을 통해 그 내면의 동력을 불러내는 것이 좋다. 예를 들어, 최근 들어 업무 태도가 태만하고 게으른 직원에게 '새해에는 더 부지런해지면 좋겠다'는 얘기를 하고 싶다면 이렇게 말하면 된다.

> 상사 : "ㅇㅇ씨, 지난 1년 자신의 모습에 대해 어떻게 생각하나요?"
>
> 부하직원 : "그럭저럭 괜찮은 것 같습니다."
>
> 상사 : "그렇다면 0점에서 10점 중 자신에게 몇 점을 줄 수 있나요?"
>
> 부하직원 : "8점이요."
>
> 상사 : "ㅇㅇ씨는 회사를 위해 많은 공을 세웠습니다. 지난 1년 동안의 노고에 감사드립니다."
>
> 부하직원 : "마땅히 해야 할 일이죠."
>
> 상사 : "새로운 한 해에는 본인에게 더 높은 점수를 매길 수 있길 바랍니다. 만약 더 높은 점수를 받을 수 있다면, 그 점수를 받기 위해 본인은 무엇을 더 해야 한다고 생각하나요?"
>
> 부하직원 : "더 노력하고, 더 부지런해야 한다고 생각합니다."

'더 부지런해야 한다', 만일 우리가 직접적으로 이 사항을 직원에게 요구했다면 그의 마음에는 반감이 생길 수 있다. 하지만 이 말이 자신의 입에서 나온다면, 그 영향은 어마어마하다. 그는 수동적 태도에서 능동적으로 업무를 대할 것이다. 부하직원들이 모두 능동적으로 책임감 있게 일을 하게 하는 방법이다. 당신이 그들에게 시키고자 한 일을, 직접 말하지 않더라도 그들 스스로 책임지겠다고 약속하는 모습을 볼 수 있다. 직원들이 알아서, 자발적으로 일하면, 사장은 자연스레 더 자유롭게 더 많은 일을 할 수 있다.

관리가 그렇고, 자녀교육이 그렇고, 인간관계도 그렇다. 상대를 책임을 떠넘기는 사람으로 만들든, 아니면 책임감 있는 사람으로 만들든, 퇴보하게 만들든, 아니면 발전하게 만들든, 그와의 거리가 멀어지든 가까워지든, 이 모든 것은 온전히 당신의 언어 모델에 따라 결정된다.

친밀감을 높여 주는
비언어적 소통 방법

청나라 황제 강희제康熙帝는 중국사에서 몇 안 되는 명군으로 백성을 살피며 훌륭한 정치를 펼쳤다. 하지만 이런 그에게도 권력을 남용했던 시절이 있었다.

강희제는 말년에 괴상한 성질을 부렸다고 한다. 그는 사람들이 자신에게 늙었다고 하는 것을 극도로 싫어했다. 황제의 기분을 거스르면 매우 엄중한 처벌을 받았기 때문에 주변인들은 노화와 관련 있는 것이라면 무조건 입에 올리지 않았다.

한번은 강희제가 비빈을 데리고 호수에 낚시를 하러 갔다. 얼마 지나지 않아 낚싯대가 움직였고, 그는 황급히 낚싯대를 들어 올렸다. 끝에는 붕어 한 마리가 걸려 있었는데, 강희제가 기뻐하며 물고기를 건져 올리는 순간, 풍당 소리와 함께 붕어가 낚싯바늘을 빼고 달아나 버렸다. 강희제는 연거푸 한숨을 쉬며 아쉬워했다. 그러자 강희제 옆에 있던 황후가 급히 차 한잔을 들고 와서 그를 위로하며 말했다.

"보아하니 붕어가 늙어 낚싯바늘을 물고 있을 힘이 없었나 봅니다." 말이 끝나기 무섭게, 옆에 있던 젊은 비가 참지 못하고 몰래 웃음을 터트리며 강희제를 힐끔힐끔 쳐다보았다. 강희제의 안색은 굳어졌고, 즉시 그 비녀를 버려진 궁으로 쫓아냈다.

'늙은'이라는 말을 한 건 황후인데, 어째서 아무 말도 하지 않고 웃기만 한 비가 쫓겨났을까? 강희제가 이러한 결정을 내린 것은 황후와 비의 몸짓언어에서 서로 다른 내용을 읽어냈기 때문이다.

몸짓언어는 의사소통의 하나로 주로 말을 할 때 수반되는 손짓, 발짓, 몸짓, 눈짓 등의 비언어적 의사소통을 말한다. 황후의 몸짓언어는 자신에 관한 관심이었지만, 비의 몸짓언어는 자신을 향한 비웃음이었다.

어떤 소통이든 모두 언어 방면과 비언어 방면, 이 두 가지 정보를 지니고 있다. 사람은 말을 할 때, 표정, 자세, 어조, 억양 및 호흡 빈도 등 다양한 비언어적 정보를 자연스레 전달한다. 이 비언어적 표현들은 언어적 정보보다 더 정확하게 인간 내면의 실제 상태를 반영할 수 있다. 입으로 나오는 말은 논리적 사고의 가공을 거치고, 자신이 원하는 목적에 부합하기 위해 어느 정도 왜곡된다. 즉 진실한 속

마음을 반영하지 않는다. 이에 비해, 몸짓언어는 자발적이고 잠재적이다. 대부분 이는 한 사람의 가장 진실한 속마음을 드러낸다. 그래서 거짓말 탐지를 할 때, 전문가들은 대상자의 몸짓언어에 더 많은 관심을 보인다. 의사소통에서 몸짓언어의 중요성은 모두가 잘 알고 있다. 사고를 친 아이 때문에 학교에 불려간 부모가 화가 잔뜩 난 얼굴로 아이에게 이렇게 말했다.

"대단하다 대단해! 능력도 좋아!"

과연 아이가 이 말을 자신이 정말 대단하다고 이해할까? 아니다. 아이는 그 말의 뜻이 '정말 못말리겠다. 좀 혼나야겠어!'라는 걸 알고 있다. 비싼 명품 옷이 마음에 든 아내가 옷감을 만지작거리며 남편에게 "이 옷은 너무 격식 차리는 느낌인가? 평소에는 못 입을 것 같으니 그냥 사지 않는 게 좋겠지?"라고 말했을 때 만약 남편이 "그래, 사지 말고 가자~"라고 말한다면, 앞으로 한 달 동안 구박을 받을 수도 있다. "사지 않는 게 좋겠지?"라는 말은 사실 '사고 싶다'라는 뜻이기 때문이다.

미국 심리학자 앨버트 메라비언Albert Mehrabian은 '7-38-55법칙'을 제시했다. 사람들은 얼굴을 맞대고 소통할 때 세 가지 소통 요소, 즉 말의 내용, 억양, 몸짓을 사용한다. 이 세 가지 기본 요소가 소통에서 차지하는 비중은 각각 다르다. 말의 내용은 7퍼센트, 억양은 38퍼센트, 몸짓은 가장 큰 비중인 55퍼센트를 차지한다.

몸짓은 더 많은 말을 한다

몸짓에는 눈빛, 표정, 신체 운동, 접촉, 자세, 외모, 몸과 몸 사이의 공간 거리 등이 포함된다. 몸짓에는 소리는 없지만, 선명하고 정확한 함의가 있다. 예를 들어 도로 위에서 오고 가는 차와 행인을 지휘하는 교통경찰이 사용하는 게 바로 소리 없는 몸짓이다. 서점에서 꼬마 친구가 까치발을 하고 책장 높은 곳에 있는 책을 꺼내려 하고 있다. 몇 번의 시도에도 실패한 꼬마에게 서점 직원이 다가와 책을 꺼내어 주었다. 이 과정에서 아이가 까치발을 든 그 행동은 아주 명확하게 그의 요구를 표현해냈다. "나는 도움이 필요해요!"

찰리 채플린은 몸짓, 즉 보디랭귀지의 신이나 다름없다. 흑백 영화 시대, 영화에 아무런 소리나 색깔도 없었던 그 시절, 채플린은 풍부한 보디랭귀지로 감정과 생각 그리고 경험을 관중들에게 보여주었고, 많은 이들에게 감동을 주었다.

대인관계에서 억양이 중요한 이유

억양에는 악센트, 말의 속도, 호흡 등이 포함되어 있다. 억양의 변화에 따라 표현되는 감정과 내용이 달라진다.

외빈들의 환영 행사에 참석한 이탈리아의 유명 배우 록시는 외빈들로부터 눈물 연기를 보여 달라는 요청을 받았다. 그래서 그는 이탈리아어로 대사를 치며 연기를 하기 시작했다. 사람들은 그의 대사를 알아듣진 못했지만 그의 절절한 억양과 표정에 감동해 눈물을 흘렸다. 그런데 손님 중 어느 이탈리아 사람은 손으로 입을 틀어막은 채 밖으로 달려나가 박장대소했다. 알고 보니, 록시가 뱉은 대사는 애초에 얼토당토않은, 연회장 식탁 위의 메뉴판에 있던 메뉴들을 읊었던 것이다.

미국의 언어학자 찰스 프리스^{Charles C. Fries}는 유독 억양의 중요성을 이렇게 강조했다.

"말의 내용보다 어떻게 말하는지가 더 중요하다."

보디랭귀지, 억양, 호흡 등은 비언어적 언어를 구성하는 요소들이며, 이들은 문자 이외의 정보들을 전달할 수 있다. 인류의 언어가 발달하기 이전에 사람들은 이 비언어적 언어로 소통해 왔다. 이 소통 방식은 지금까지도 유효하다. 여기서 몇 가지 소개하겠다.

양손을 벌리는 것은 수중에 무기가 없고, 안전하다는 것을 나타낸다. 따라서 소통 중에 양손을 벌리는 것은 상대에게 친근함을 느끼게 할 수 있다. 손을 보여주지 않거나 주먹을 쥐면, 상대방은 위압감을 느낄 수 있다. 권위를 과시해야 할 필요가 있다면 이러한 손동작을 시도해 보자. 두 발을 11자로 놓고 발끝이 앞을 향하게 하는 것은 안정적인 자세이고, 언제든지 싸울 준비가 되어 있는 자세다. 이런 자세로 서 있으면 권위적이고 힘이 있어 보인다. 반대로 두 발을 아무렇게나 놓고 편안하게 서 있는 것은 일종의 느슨한 자세로, 사람들로 하여금 친근함을 느끼게 할 수 있다. 그 자세로는 공격하거나 싸울 수 없다.

　비언어적 정보는 타인뿐 아니라 자신에게도 영향을 미칠 수 있다. '체화된 인지'는 심리학 분야에서 새롭게 떠오르는 연구 영역이다. 이 이론에 따르면 생리학과 심리 상태 사이에 강한 상관관계가 있으며, 생리학은 심리 감각을 활성화하고, 심리 감각 또한 생리학을 강화한다. 사람은 기쁠 때 웃는다. 이는 아주 이해하기 쉽다. 체화된 인지는 한 걸음 더 나아가, 사람은 웃으면 웃을수록 더 기뻐진다고 한다. 즉, 신체의 상태에 따라 내면의 느낌에도 변화가 생긴다는 말이다.

　예를 들어, 튼튼한 의자에 앉아 있는 당신은 안전함을 느낀다. 손에 아주 무거운 물건을 들고 있을 때, 당신은 그것이 중요한 것이라고 느낀다. 두 손을 벌렸을 때, 당신의 마음가짐은 더욱 개방적으로 변한다. 팔짱을 꼈을 때, 당신의 사고는 굳어진다. 시선을 위로 향했을 때 슬픔을 느끼는 경우는 거의 없다. 시선을 땅으로 향했을 때, 비교적 더 감성적으로 된다.

　영화 속 간첩이나 비밀 공작원, 그리고 현실 속의 사기꾼, 백화점 우수 영업사원, 이들은 다른 사람들의 신뢰를 손쉽게 얻는다. 어떻게 그럴 수 있을까? 다음과 같은 장면을 한번 상상해 보자.

　카운터에 앉아 있는 점원에게 화가 잔뜩 난 손님이 오더니 책상을 내리치며 말했다.

"아니 지난주에 주문한 물건이 아직도 안 오다니 이게 어찌 된 일입니까! 도대체 일을 어떻게 하는 거요?"

만약 이 상황에서 점원이 온화하게 "선생님, 진정하시고, 하실 말씀이 있으면 천천히 잘 말씀해 주세요."라고 말한다면, 어떨까? 당신이 그 고객이라고 생각해 보자. 당신은 애타게 물건을 기다리느라 급해 죽겠는데, 그 상황에서 상대방이 아무리 예의 있다고 해도 성에 차겠는가? 만약 그 점원이 벌떡 일어나서 당신과 같은 초조한 어투로 이렇게 말했다고 해보자.

"그런 일이 있었나요? 아니 어떻게 그런 일이…. 물류 팀은 대체 뭘 하고 있는 거지? 제가 당장 가서 알아보고 오겠습니다!"

어떤가? 점원이 당신과 같이 다급한 모습을 보이고, 당신과 같은 생각을 하는 그를, 당신은 높은 확률로 마음에 들어 할 것이다.

같은 모습을 가진 사람은 연결되기 마련이다. 상대방이 당신과 같은 모습을 보인다면 당신은 특히 친밀감을 느낄 수 있다. 소통 중 서로가 하는 행동이 같고, 억양이 같고, 숨결이 같으면 둘은 더 쉽게 공감대를 형성할 수 있다. 왜 그럴까? 이는 동물의 본능 중 하나다. 갓난아이를 생각해 보자. 갓 태어난 아이는 아무것도 알지 못한다. 하지만 시간이 흐르고 성장함에 따라 어른들이 하는 것을 금방 따라 하기 시작한다. 물론 몇 가지는 교육을 통해 학습되지만, 대부분 모방을 통해 습득한 것이다. 모방은 인류의 본능이고, 우리는 태어날 때부터 타인을 모방할 줄 안다.

상대의 행동을 따라 하면 친밀감이 커진다

물론 대부분의 모방은 우리가 의식하지 못했을 때 이루어진다. 만약 당신이 의도적으로 타인을 모방할 줄 알면, 상대에게 친밀감과 신뢰를 줄 수 있다. 이런 의도적인 모방 기술을 '친화력'이라고 부른다. 일반적으로 다음 네 가지 방법을 통해 친화력을 습득할 수 있다.

첫째, 상대방의 몸짓을 따라 한다

신경 언어 프로그래밍 고급반에서 하는 연습 중에는 '타인의 신발 신기'라는 연습이 있다. 이 연습은 매우 간단하다. 2인 1조가 되어 한 사람은 자연스럽게 산책을 하고, 다른 한 사람은 그의 뒤를 따라 가며 걸음걸이를 비롯한 모든 세세한 동작들을 모방한다. 15분 뒤, 두 사람은 가만히 앉아서 자신의 느낌을 찬찬히 음미해 본다. 이때 만일 당신이 모방하는 쪽이라면 신기하게도 여태껏 느껴 보지 못한 것을 느끼게 된다. 그리고 상대방과 그 느낌을 나눴을 때, 당신은 그 느낌이 상대방과 같다는 걸 알게 된다. 신기하지 않은가? 혹자는 내가 허튼소리를 한다고 생각할지도 모르겠지만, 이는 심리학자들이 수많은 연구와 실험을 통해 증명해 낸 과학 원리이다.

몸과 마음은 하나의 시스템이다. 몸의 자세가 심리에 영향을 줄 수 있다는 것은, 상대의 자세를 모방함으로써 상대방의 마음과 연결

될 수 있다는 뜻이다. 그러면 상대방은 무의식중에 당신에게 호감을 느끼게 된다.

예를 들어 상대방이 다리를 꼬면 나도 다리를 꼬고, 상대방이 머리를 만지면 나도 머리를 만진다. 상대방의 자세가 어떠하든 간에 나는 최대한 그와 같이 행동하려고 한다.

하지만 주의하자. 상대방의 몸짓에 맞춘답시고 그의 동작을 완전 똑같이 '복사+붙여넣기' 하면 안 된다. 그런 모방은 상대방에게 경각심을 불러일으킨다. 만약 상대방이 그러한 당신의 모습을 의식하면 모방은 그 효력을 잃을뿐더러 반감마저 살 수도 있다. 우리가 듀엣으로 노래를 부를 때 완전히 똑같은 음이 아닌 화음을 넣는 것처럼, 상대방의 몸짓에 맞추는 것도 그렇다. 상대방이 왼쪽 다리를 꼬면 우리는 오른쪽 다리를 꼬면 된다. 어색하고 융통성 없는 '복사+붙여넣기'가 아닌, 적절한 몸짓으로 상대방과 조화를 이루어 그에게 친밀감을 주자.

둘째, 상대방의 억양에 맞춘다

외국 노래를 즐겨 듣는 사람은 느껴본 적이 있을 것이다. 가사를 알아듣지는 못하는데 감동한 적이 있지 않은가? 어떻게 그럴 수 있을까? 대다수 감정은 억양과 운율을 타고 전달되기 때문이다. 이게 바로 음악에 국경이 없는 이유다.

사람과 소통을 할 때, 우리는 음의 높낮이, 소리의 크기, 속도의 빠르기, 말의 어투 등 다양한 방면에서 상대방에게 맞출 수 있다. 상대방이 목소리를 크게 내면 당신도 크게 내고, 상대방이 작게 말하면 당신도 작게 말하고, 상대방이 부드럽게 말하면 당신도 더 부드럽게 말하고, 상대방이 빠르게 말하면 당신도 빠르게 말하는 식이다. 그러면 쌍방이 서로의 감정을 쉽게 공명하게 되고, 소통의 효과가 올라간다.

셋째, 상대방의 언어 습관에 맞춰 말한다

앞서 우리는 세 가지 표상체계에 관해 얘기했다. 이 세 가지 표상체계에는 각각의 언어 습관이 있다. 시각적 표상체계를 선호하는 사람은 보이는 것을 표현한 말을 좋아한다. 예를 들어 "당신은 정말 아름답네요." 청각적 표상체계를 선호하는 사람은 들리는 것을 표현한 말을 좋아한다. 예를 들어 "당신의 말에는 일리가 있네요." 신체 감각적 표상체계를 선호하는 사람은 몸으로 느끼는 것을 표현한 말을 좋아한다. 예를 들어 "당신과 있으면 따뜻함을 느껴요."

상대방이 선호하는 말을 포착하고 그와 비슷한 표현을 적절히 섞어서 말하면 서로의 거리를 좁힐 수 있다.

이외에 연령대와 관심사에 따라 사용하는 단어가 달라지기도 한다. 상대방의 말을 집중해서 들으면 그가 선호하는, 자주 사용하는 단어와 표현 방식을 파악할 수 있다. 그 후에 그 단어와 표현 방식을 사용하여 상대와 대화한다면, 두 사람은 급격하게 가까워질 수 있다.

넷째, 상대방의 호흡에 맞춘다

많은 사람이 내게 묻는다.

"어떻게 내담자로부터 신뢰를 얻나요?"

내 비결은 바로 내 호흡을 상대방에게 맞추는 것이다. 그가 숨을 들이마시면 나도 마시고, 그가 숨을 내쉬면 나도 내쉬고, 그렇게 우리 둘의 마음은 서로 통하게 된다. 이는 일종의 매우 신비한 기술이고, 심리 상담사가 가지고 있어야 할 기본기다. 이는 아주 간단하면서도 내담자의 신뢰를 가장 빠르게 얻는 방법이다.

상대방의 몸짓에, 상대방의 억양과 언어 습관에, 그리고 호흡에 맞추기. 이 네 가지 기술을 터득한다면 아주 손쉽게 친화력을 얻을 수 있다.

4가지 사람 유형에 따라
달라지는 표현 방식

 한 사람이 어떻게 여러 사람에게 영향을 미칠 수 있을까? 사람은 정보를 감지하고 처리할 때 이를 자신에 맞게 최적화하는 경향이 있는데, 이는 서로 다른 네 가지 유형으로 나뉜다. 사람과 소통할 때 한 가지 표현 방식만 쓰면, 우리는 한 유형의 사람에게만 호감을 살 수 있다. 나머지 세 유형의 사람들은 우리를 좋아하지 않거나 우리와 가까워지는 것을 꺼릴 것이다. 따라서 언어의 영향력 범위를 최대한 넓히려면 이 네 가지 유형을 인식하고, 이해하고, 그에 알맞게 자신의 표현 방식을 조정할 필요가 있다.

유형 1: Why형
 모두가 알다시피 미국의 과학자 '발명왕' 에디슨은 우리의 삶에 지대한 영향을 미쳤다. 그가 발명한 전구는 일상생활에서 떼려야 뗄 수 없다. 그런 그가 어렸을 때는 '모자란 아이'라 불렸던 사실을 아는가? 어린 시절 에디슨은 항상 엉뚱한 질문을 했다.

"하늘에는 왜 구름이 있어요?"

"왜 태양은 동쪽에서부터 떠오르는 거죠?"

"사람도 달걀을 품어서 부화시킬 수 있지 않을까요?"

"책상 다리는 왜 네 개인가요?"

"1+1은 왜 2인가요?"

그는 하루가 멀다고 하고 '왜?'라는 질문을 던졌다. 사람들은 이에 대답하지 못했고, 쓸모없는 질문이라 생각했다. 그래서 사람들은 그런 에디슨을 '모자란 아이'라 불렀다. 선생님은 그를 학교에서 쫓아내기까지 했지만 다행히 어머니의 세심한 가르침과 도움 덕분에 에디슨은 발명왕이 될 수 있었다.

에디슨처럼 항상 '왜'라는 생각을 하며 이유와 근거를 찾고 싶어하는 사람이 바로 'Why형'이다. 이런 사람에게 영향을 미치기 위해서 우리는 그들의 호기심을 초반에 빠르게 유발해야 한다. 이 유형의 사람들은 가장 빠르게 반응하기 때문에, 당신이 신속하게 그들의 호기심을 잡아내지 못하면 그들은 당신이 말하는 내용에 대한 흥미를 금방 잃게 된다.

이는 영상 업계에서 확실하게 찾아볼 수 있다. 다큐멘터리의 내용이 아무리 풍부하다고 하더라도 보는 이가 많지 않은 것은 대부분 다큐멘터리의 서사 방식이 꾸밈없고 직설적이어서 관중들의 호기심을 끌지 못하기 때문이다. 반대로 큰 성공을 거둔 영화들은 중요한 순간에서 갑자기 전개를 멈춰서 관중들이 그만 보려고 해도 그럴 수 없게 만든다. 소위 말하는 막장 드라마도 한 회가 끝나기 직전에 서스펜스를 설정해서 다음 회를 보게 만드는 방법을 사용하지 않는가.

유형 2: What형

독일인들은 어디서나 질서를 따지는 것으로 유명하다.

1980년대, 유학생 몇 명이 독일인의 이러한 성격에 대해 실험을 진행했다. 모두가 잠든 새벽, 이들은 번화가 광장에 있는 두 개의 공중전화 부스에 한쪽엔 '남성', 한쪽엔 '여성'이라는 표시판을 붙였다. 다음 날 그들이 다시 그곳을 찾았을 때 입이 떡 벌어질 장면이 펼쳐져 있었다. '남성' 표지판을 붙여 놓은 부스 앞에 남자들이 줄지어 서 있는 것이 아닌가. '여성' 전화 부스에는 아무도 없는데 말이다. 학생들은 싫은 기색 하나 없이 자기 차례를 기다리는 남성에게 가서 물었다.

"옆 부스에 아무도 없는데, 왜 저기서 전화를 하지 않는 거죠?"

질문을 받은 남성은 오히려 의아해하며 대답했다.

"저쪽은 여성을 위한 곳 아닙니까, 우리는 이쪽 전화만 쓸 수 있어요, 이건 질서잖아요!"

독일인의 이런 행태는 전형적인 'What'형의 특징이다. 이 유형의 사람들은 많은 자료와 증거, 그리고 규칙을 찾아서 자신만의 논리를 구축하고 완전히 그 논리를 따라 행동한다.

주변에서 볼 수 있는 '열공파'들이 바로 이런 유형의 사람이다. 이들은 사고와 논리 추론에 능하며, 세세한 것들에 집중하고 추상화하는 것을 좋아한다. 이들은 어떤 일이든 증거를 따지고, 권위에 맹종하며, 데이터를 신뢰한다. 강연할 때, 우리는 그들의 특성을 고려해 충분한 데이터와 이론, 유명 인사가 했던 말들을 준비한다. 그들이 보기에 충분한 근거가 있어야 당신의 추론을 믿을 것이다.

유형 3: How형

『수호전』을 읽은 사람이라면 등장인물 '이규'를 인상 깊게 봤을 것이다. 이규에게는 한 가지 중요한 특징이 있다. '왜'라는 질문을 절대 하지 않는다. 송강이 하라고 하면 그냥 한다. 누굴 죽이라고 하면 가서 죽인다. 행동이 모든 것보다 앞선다. 이규는 대표적인 'How'형 인간으로, 이런 유형의 사람은 적극적으로 해결책을 찾는 것에 익숙해져 있다. 회사에서 'How'형 사람은 뛰어난 실행형 인재이다.

2000년, 책 한 권이 전 세계를 뜨겁게 달군 적이 있다. 『가르시아 장군에게 보내는 편지』인데, 19세기 미국과 스페인이 전쟁할 때 있었던 전설 같은 이야기를 다룬 책이다. 당시 미국 정부는 쿠바의 가르시아 장군에게 급하게 편지를 전달해야 했다. 하지만 가르시아 장군은 밀림 속에 있었고, 그가 정확히 어디에 있는지를 아는 사람은 없었다. 이때, 젊은 중위 앤드루 로완은 용감하게 나서서 이 임무를 받았다. 그는 그 어떠한 질문, 예를 들면 '어디로 가야 하는지', '누구에게 도움을 받아야 하는지', '가르시아를 못 찾으면 어떻게 해야 하는지' 등과 같은 질문을 일절 하지 않은 채 홀로 길을 떠났다. 결국 그는 3주 동안 온갖 위험을 다 겪으며 곳곳에 위기가 도사리고 있는 전쟁 지역을 뚫고 이 '불가능한 임무'를 완수했다.

'How'형 인간은 경험과 과정에서 성장한다. 그들에게 목표를 정해 주는 연습, 체험 그리고 실천할 수 있는 환경을 만들어 주는 것이 영향을 미치는 가장 좋은 방법이다.

유형 4: What if형

내 짧은 경험을 공유해 보려 한다. 중학교 1학년 시절, 나의 수학 성적은 급격히 떨어졌다. 당시 방정식을 배우고 있었는데, 나는 방정식이 전혀 쓸모없다고 생각해 배우지 않으려 했다. 천만다행으로 책임감 있는 선생님이 나를 교무실로 부르더니 성적이 떨어진 이유를 물었다. 나는 솔직하게 대답했다.

"저는 지금 배우는 지식이 다 쓸모없다고 생각해요. 솔직히 시장에서 물건을 팔 때 누가 방정식을 써요."

내 말을 들은 선생님은 가까스로 웃음을 참으며 말했다.

"너 이 자식, 수학을 시장에서 써먹으려고 배우는 줄 알아? 수학은 네 두뇌를 단련하기 위해서 배우는 거야."

선생님의 이 한마디가 나를 깨우쳤고, 그 뒤로는 수학에서 전교 1 등을 놓친 적이 없다. 수학이 쓸모없다고 여겼을 때는 열심히 공부하지 않았지만 수학의 쓸모를 안 이후엔 자발적으로 열심히 공부했다. 내가 바로 대표적인 'What if'형 인간이다. 이 유형의 사람들은 '이게 나한테 무슨 이득을 주지?'라는 생각을 자주 한다. 그 부분을 파고들면 그들에게 쉽게 영향을 줄 수 있다.

방금 얘기한 네 가지 유형은 직업군마다 차지하는 비율이 조금씩 다르다. 디자이너, 발명가, 과학자 중에는 'Why'형이 비교적 많다. 교사, 학자, 엔지니어, 변호사 중에는 'What'형이 비교적 많다. 군인, 기술자, 장인, 운동선수 중 많은 사람은 'How'형이고, 정치가, 기업가, 사업가, 금융업자, 실용주의자 중에는 'What if'형이 대다수를 차지한다. 영향력 있는 지도자가 되고 싶다면, 연설할 때 반드시 각각의 유형이 무엇을 선호하는지를 고려해야 한다. 그러면 언어의 매력을 발휘해 모두에게 영향을 줄 수 있게 된다. 각각의 유형에 맞는 대화법을 살펴보자.

'Why'형 인간은 호기심이 많고 성격이 급하므로 우선 이들의 호기심을 불러일으켜야 한다. 호기심을 유발하는 가장 좋은 방법은,

이야기를 하거나 몇몇 현상을 보여주며 그와 관련된 '왜'를 제시하는 것이다.

'What'형 인간은 권위를 믿으며, 데이터와 추리를 중시한다. 동시에 이들의 인내심은 길지 않다. 따라서 호기심을 유발한 뒤, 즉시 이론과 데이터, 권위 있는 연구 결과들로 'Why'에 대한 답을 해 주고, 이를 통해 당신의 관점과 가치관을 내보여야 한다.

'How'형 인간은 비교적 인내심이 있다. 앞의 두 유형의 요구를 만족시킨 뒤 이들의 요구를 고려하자. 이들이 원하는 것은 간단하다. 너무 많은 이유를 늘어놓을 필요 없이 해결 방안을 제시하면 된다. 다시 말해 어떻게 해야 할지를 알려 주면 된다. 이들은 체험하고 시도해 본 후에야 깨닫는다. 이들에게는 백 번 듣는 것보다 한 번 시도하는 게 낫다.

'What if'형은 가장 인내심이 강하며 통찰력이 있다. 따라서 이들의 요구는 가장 나중에 만족시켜 줘도 괜찮다. 앞에서 해결 방법을 제시한 다음, 미래를 보여주어서 이들로 하여금 당신이 말한 대로 했을 때 미래에 어떤 좋은 점이 있는지, 어떤 가치가 있는지를 알게 해 줘야 한다. 그렇게 이들이 아름다운 미래를 상상해 냈다면, 이들은 기꺼이 오늘의 노력을 지불하려 한다. 시간의 틀을 바꿔서 미래를 상상하게 하고, 목표를 이룬 자신의 모습을 보게 하자.

불량한 소통과
일관된 소통

앞서 우리는 스스로 책임을 지는 것과 다른 사람이 책임감을 느끼도록 하는 방법에 대해 알아봤다. 이번 장에서는 갈등이 있을 때 소통하는 방법에 대해 배워 보자.

먼저 내가 직접 겪은 일이다. 이 이야기는 홍콩 영화에 나오는 조폭들의 싸움 장면과 매우 유사한데, 다른 점이 있다면 주먹이 오가지는 않고, 주인공이 몇 마디 말로 긴박한 상황을 정리했다는 것이다.

어느 해에 우리는 원저우에서 상담사 교육 강연을 진행했고, 지도교사로 내가 존경하는 장국위 박사를 모셨다. 당시 장 박사는 협력회사와 문제가 생긴 상태였다. 그 회사의 두 주주가 작은 갈등으로 인해 소송 중이었고 결국 장 박사는 그 둘이 소송하는 동안 그 회사와의 협력 관계를 중단해야 했다.

두 주주 중 한 사람은 기혼 여성이었는데, 우리가 원저우에서 강연을 연 그날 밤, 그녀와 남편이 장 박사와 얘기를 하고 싶다며 호텔로 찾아와 우리를 기다리고 있었다. 바에 도착했을 때, 남편은 술을 적잖이 마셨는지 얼굴이 시뻘게져 있었다. 우리가 자리에 앉자, 그는 장 박사를 가리키며 욕설을 퍼붓기 시작했다.

"듣기로 당신이 내 아내를 무시했다며? 내 아내를 깔보다니, 내가 당신 기어서 나가게 만들어 줄게!"

당시는 정말 일촉즉발의 상황이었다. 그러나 장 박사는 오히려 매우 침착하게 이렇게 말했다.

"선생님, 처음 뵙겠습니다. 아내를 위해 먼 걸음을 하신 것을 보니, 선생님께서 부인을 얼마나 사랑하시는지 알 것 같습니다."

(첫 번째 단계: 상대방의 느낌을 받아들이고 그의 기분을 느껴 보기.)

"선생님께서 부인을 사랑하듯, 제 아내도 저를 매우 사랑합니다. 만일 제 아내가 오늘 밤 이 일을 알면, 크게 걱정할 것이 분명합니다. 그리고 선생님께서 계신 동네에서 강연하는 것은 더더욱 허락하지 않겠지요." (두 번째 단계: 자신의 느낌 전달하기)

"사실 저는 결코 선생님의 부인을 무시한 적이 없습니다. 단지 부인과의 협업을 잠시 중단했을 뿐입니다. 저는 선생님의 부인께서 본인의 파트너와 관계를 잘 해결한 다음 저희와 다시 협업하길 바랍니다. 선생님께서 정말로 부인을 사랑하신다면, 선생님의 큰 힘으로 부인을 도와주실 수 있나요? 부인과 파트너의 관계가 회복된 이후에 다시 저희와 일한다면 더 좋지 않겠습니까?"

(세 번째 단계: 해결 방안 탐색)

이 몇 마디 말이 끝나자. 그녀의 남편은 잠깐 할 말을 잃은 듯 보였다. 몇 초의 정적이 흐른 뒤 그는 술잔을 들고 이렇게 말했다.

"선생님, 죄송합니다. 사과와 존경의 의미로 한 잔 마시겠습니다." 태풍은 그렇게 무사히 지나갔다. 나중에 이 선생은 우리의 강연을 들으러 왔고, 그의 제자가 되었다.

4가지 불량한 소통 유형

장 박사의 사례를 우리는 '일관된 소통'이라고 부른다. 일관된 소통에 관해 얘기하기 전에 우선 우리가 종종 볼 수 있는 불량한 소통 유형 몇 가지를 살펴보자.

업무 문제로 거래처와 술자리를 자주 가져 밤늦게 돌아오는 남편, 홀로 집에 남아 외롭고 마음이 좋지 않은 아내. 이는 주변에서 자주 볼 수 있는 구도이다. 남편들이 밤늦게 집에 돌아왔을 때, 아내들은 각각 다음과 같은 몇 가지 반응을 보일 것이다.

첫 번째 반응 지금이 몇 시야? 하루가 멀다 하고 술이나 마시고 말이야, 도대체 집은 안중에 없는 거야?(질책하기)

두 번째 반응 여보, 많이 피곤하죠? 내일은 맛있는 거 해 놓을게요. 일찍 들어와서 같이 밥 먹어요.(비위 맞추기)

세 번째 반응 여보, 또 거래처 다녀오는 거죠? 그렇게 술을 많이 마

시면 건강에 안 좋아요. 저기 옆집 최씨는 사업을 당신보다 크게 하

는데도 매일 제시간에 집에 들어온다던데...(지나친 이성)

네 번째 반응 여보, 왔어요? 따뜻한 차 끓여 놨는데, 한 잔 줄까

요?(껴들기)

물론 이보다 훨씬 다양한 반응이 나올 수 있다. 하지만 위의 반응을 크게 벗어나지는 않을 것이다. 사람과의 소통에는 일반적으로 '나', '너', '상황', 이 세 가지 요소가 포함되어 있다.

소통할 때 이 모든 요소를 다 고려하는 것을 일관적 소통이라고 부른다. 이 요소들 중 일부분이 사라지면 바로 다음 몇 가지 소통 패턴이 만들어진다.

(1) 질책하기

첫 번째 반응이다. 소통할 때 자신과 상황은 인지하지만, 정작 타인의 느낌은 소홀히 하며 상대를 비판 혹은 비난, 심지어 공격까지 한다. 이들은 주로 이렇게 말한다.

"다 너 때문이야, 다 너 잘못이야. 늘 왜 그러는 거야?"

질책은 주변 사람을 밀어내 결국 외톨이 신세로 만든다.

(2) 비위 맞추기

두 번째 반응을 보면 아내는 자신의 감정을 억누르고 있다. 이런 식으로 자신을 소홀히 하고 오로지 타인과 상황에만 집중하는 소통을 '비위 맞추기 소통'이라 부른다. 이런 방식은 겉으론 소통에 도움이 되는 것처럼 보인다. 하지만 사람의 인내심에는 한계가 있는 법, 장기간 자신의 욕구를 억누르고 있다 보면 언젠가 크게 터질 수 있고, 억눌린 에너지에 몸이 망가질 수도 있다. 심리학 연구 결과, 많은 질병이 억눌린 감정에서 야기된다는 사실이 밝혀졌다.

(3) 지나친 이성

세 번째 반응 방식은 '지나친 이성'이라고 부른다. 이런 소통 방식은 자신과 타인의 느낌을 배제하고 오직 상황에만 집중한다. 이런 사람은 말을 할 때 지나치게 객관적인 경향이 있고, 오로지 사건이 타당한지 아닌지에 관심을 가진다. 그들은 '이래라저래라, 하지 마라' 하는 말을 습관적으로 하며, 어떠한 감정 없이 이치와 도리를 따진다. 이런 소통 방식은 보기엔 객관적이고 일리 있어 보이며, 별문제 없어 보인다. 하나 자세히 관찰해보면, 이런 소통 방식에 익숙한 사람들 주변에는 일반적으로 친구가 별로 없다는 것을 발견할 수 있다. 왜 그럴까? 감정의 연결고리를 끊으면, 자연스레 사람들과의 거리가 생기기 때문이다. 사람이 천 명이면 천 명의 햄릿이 있는 법, 사람은 각각 서로 다른 관점을 지니고 있다. 자신이 맞다고 생각하는 이치가 다른 사람이 맞다고 생각하는 이치와 같다고 생각하면 큰 오산이다. 따라서 지나친 이성은 갈등을 결코 해결할 수 없으며, 오히려 증폭시킨다.

(4) 껴들기

네 번째 반응 방식의 이름은 '껴들기'다. 껴들기에 익숙한 사람은 갈등을 만났을 때 주제에 껴들어서 관심을 다른 곳으로 옮겨 버린다. 이러한 소통의 초점은 나와 너에 맞춰져 있지 않다. 그렇다고 상황에 맞춰져 있지도 않다. 이 세 가지 요소를 완전히 생략해 버린 방식이다. 이런 소통 방식은 당장의 갈등을 해결하는 데에는 어느 정도 도움이 되며, 위급한 상황에서는 사용해도 된다. 하지만 이 방식이 습관이 돼 버린다면, 갈등은 그저 한곳에 계속 쌓일 뿐, 해결되지는 않는다. 그리고 관계는 점점 멀어진다.

일관된 소통은 3단계로 이루어진다

위의 네 가지 유형에 문제가 있는 것은 소통의 3요소 중 하나라도 간과했기 때문이다. 효과적인 의사소통을 하려면 '너, 나, 상황' 이 세 가지 요소를 전부 고려하는 것이 좋다. 장 박사가 한 몇 마디 말이 효과를 낼 수 있었던 것은 바로 이 세 가지 요소를 전부 고려했기 때문이다. 일관된 소통은 다음 세 단계로 요약할 수 있다.

첫 번째: 상대방의 느낌 받아들이기.

두 번째: 자신의 느낌 전달하기.

세 번째: 양측이 다 납득할 수 있는 해결 방안 모색하기.

이 세 가지 과정을 한마디로 요약하면 '감정을 움직인 후 이치를 알려라'이다. 왜일까? 왜 곧장 이치를 말하지 않는 것일까? 간단하다. 통하지 않기 때문이다. 우리는 모두 안에서만 열 수 있는 변화의 문을 가지고 있다. 밖에서부터 들어오는 이치는 그 문에 막히고 만다. 들리지도 않고, 행동으로 옮기는 것은 더더욱 불가능하다. 이때 우리는 상대의 감정을 먼저 만져야 한다. 감정은 사람 간의 연결이 가능하다. 먼저 상대의 마음을 건드려 그가 스스로 마음의 문을 열게 한 뒤 그에게 이치를 전한다면, 그는 받아들일 것이고 변화할 것이다. 그렇다면 일관된 소통을 할 줄 아는 아내는 늦은 밤 집에 돌아온 남편에게 뭐라고 말할까?

Step 1. 남편의 느낌을 받아들이고 이해한다

"여보, 어서 와요. 늘 이렇게 늦게까지 일하고 들어오는 걸 보니, 회사 경영이 정말 쉬운 게 아니네요, 정말 고생 많았어요."

Step 2. 자신의 느낌을 전달한다

"근데 여보 그거 알아요? 당신이 집에 늦게 들어오는 날이 잦다 보니, 나는 혼자 집에서 보내는 시간이 많아요. 그럴 때마다 나는 너무 외롭고, 무섭기까지 해요. 이런 날이 언제 끝날지 모르겠네요."

Step 3. 해결 방안을 모색한다

"처음 사업을 시작할 때의 목적은 더 나은 삶을 살기 위해서였죠. 그런데 현재 돈은 많이 벌었지만, 당신은 전보다 더 힘들게 일하고 있고, 나도 날이 갈수록 즐겁지가 않아요. 큰 사업을 하면서 가족과의 시간도 많이 보내는 사람들은 어떻게 그럴 수 있는 걸까요? 한번 같이 알아보는 건 어때요?"

우리가 진정으로 자신과 타인 그리고 상황을 존중할 수 있다면, 소통 중에 상대방의 느낌을 받아들일 수 있고 동시에 자신의 느낌도 용감하게 전달할 수 있다면, 그리고 해결 방안을 찾아 상대방과 나눌 수 있다면, 소통이 안 되는 사람은 거의 없다는 사실을 알게 된다. 신경 언어 프로그래밍이 내세우는 전제처럼 말이다.

"말이 통하지 않는 사람은 없다. 그와 소통하는 방법을 아직 찾지 못했을 뿐이다."
일관된 소통은 수많은 방법 가운데 하나이다. 이것이 당신의 관계 개선에 도움 되길 바란다.

세상을 아름답게 변화시키는
마법 같은 언어의 기술

당신은 반드시 자신이 속한 세계에 어떤 식으로든 영향을 줄 것이다. 세상을 더 좋게 만들 수도, 더 나쁘게 만들 수도 있다. 당신의 언어가 바로 그 큰일을 해낼 것이다. 그러니, 오늘부터 말을 조심해보자. 당신의 말이 다른 사람에게 영향을 줄 뿐만 아니라, 자기 자신에게도 영향을 주기 때문이다. '철의 여인' 마거릿 대처는 이렇게 말했다.

"말을 조심해라, 행동이 될 것이다.
행동을 조심해라, 습관이 될 것이다.
습관을 조심해라, 인격이 될 것이다.
인격을 조심해라, 운명이 될 것이다."

언어는 소통을 위한 일종의 기술일 뿐이다. 이 기술 자체에는 좋고 나쁨이 없다. 이는 그저 하나의 도구에 불과하다. 마치 한 자루의 칼처럼 말이다. 좋은 사람은 한 자루의 칼로 의로운 일을 할 것이고, 나쁜 사람은 한 자루의 칼로 악행을 저지를 것이다. 언어가 그렇다. 물론, 여러분은 모두 좋은 사람일 것이고, 이 언어 기술들로 자신과 타인에게 도움을 줄 것이다. 무엇이든 배우려는 사람은 보통 선량한 마음을 가지고 있다고 나는 믿는다.

만약 당신이 나의 믿음대로 선량한 마음을 지닌 사람이라면, 다음의 예시대로 한 가지 연습을 해봤으면 한다. 이 연습을 통해 지금까지 이 책에서 배운 언어 기술을 자기 몸의 일부로 만들어 보자. 연습은 매우 간단하다. 다음의 빈칸을 채워서 연결하면 된다.

사명:

* 나는 ~ 하기 때문에 ~ 한다.

* 내가 ~ 하는 매순간은 나로 하여금 ~ 하게 한다. ~ 하기 때문이다.

* 만약 내가 ~ 한다면 ~ 일 것이다.

* 비록 나는 ~ 하지만 나는 ~ 일 것이다.

* 나는 ~처럼 하겠지만, 그래도 ~ 할 것이다.
* 그러므로 ~ 하자!

참고해도 좋을 예시를 하나 적어 보겠다.

나의 사명은 내 존재로 인해 세상을 더욱 아름답게 하는 것이다!

나는 각각의 사람들이 모두 세상에 영향을 줄 수 있다고 믿기 때문에, 이 세상을 조금이라도 더 낫게 만들고 싶다.

내가 심리학이 나에게 준 도움을 체험하고, 나의 학생들이 심리학으로 인해 변화가 생긴 것을 보았을 때, 그리고 생명에게 영향을 줄 수 있다는 것이 증명되는 매순간은, 나로 하여금 힘이 넘치게 만든다. 생명의 가치를 느끼기 때문이다.

만약 내가 더 많은 심리 지도교사를 양성할 수 있다면, 세상은 분명 더 아름답게 변할 것이다.

비록 나의 능력에는 한계가 있지만, 나는 계속해서 노력하며 앞으로 나아갈 것이다.

마을을 위해 루핀 씨앗을 뿌리던 앨리스처럼, 물론 온세상을 아름

답게 변화시키지는 못하겠지만, 그래도 자신의 동네만큼은 아름답

게 변화시킬 수 있지 않겠는가!

그러므로 이 세상을 내 존재로 인해 더 아름다워지게 하자!

우리는 불안함을 다스리기 위해 공부하는 것이 아니라, 우리의 능

력을 향상시키기 위해 공부한다. 우리의 능력으로 주변 사람들을 위

해 일하자. 우리의 능력으로 주변 사람들을 변화시키자. 이것이 언

어의 기술을 터득해야 하는 가장 중요한 이유이다.

마지막으로 우리의 존재, 우리의 작은 변화가 이 세상을 아름답게 만

들 수 있다. 우리 함께 조금씩, 이 세상을 아름답게 변화시켜 나가자!

말 한마디의 위력은 실로 대단하다.
하나의 생명을 살릴 수도,
하나의 목숨을 저버리게 할 수도 있다.

누군가의 인생을 풍요롭게도,
누군가의 인생을 빈곤하게도 할 수 있다.

이 모든 것이 내 세 치 혀에서 나온
단 몇 마디의 말로 가능하다.

부드러운 말로 상대를 설득하지 못하는 사람은
위엄있는 말로도 설득하지 못한다.
안톤 체호프

말하는 상대편의 말에 귀를 기울이고
또한 그 사람의 눈을 잘 지켜보면 그 사람의 성격을 알 수 있다.
사람들은 아무리 수단을 써도 말할 때만큼은 자신의 성격을 숨길 수 없기 때문이다.

맹자

사람들은 어려운 단어를 사용하면
어려운 것을 이해할 수 있다고 생각한다.

허먼 멜빌